香りの性質・メカニズムから、その抽出法、調理法、レシピ開発まで

料理に役立つ
香りと食材の
組み立て方

市村真納

横田 渉 レシピ制作

はじめに

「香り」の学びで、 おいしいアイデアが湧いてくる!

「香り」の面白さを追い、不思議さを解き明かしながら、
お料理を考える旅にでましょう。

ものが香るって、そもそもどういうこと?
コーヒーはなぜ、あんなにいい香りなの?
子供のころ苦手だった紫蘇の香り、なぜ今は好きなのかしら?
「香り」について詳しく知ると、いつもの食材・レシピまで、
なんだか違って見えてきます。

「香り」は目にも見えず、とらえどころのないもの。
でも、心にすばやく深い印象を残し、
体の状態さえ変える力があります。
また口の中の香りには、食物の味の感覚と混ざり合って、
えもいわれぬ風味をもたらしてくれる働きもあります。

本書では、5つの章の各テーマで、
「香り」の視点から料理やその背景にある食文化を学び、
おいしい料理につながるヒントを紹介しています。
新しいレシピの考案、調理法の工夫、
食事提供の改善などにもきっと役立てていただけるでしょう。

市村真納

キッチンはいつも香りであふれている。

野菜を切った香り、肉を焼く香り、
オーブンから出てきたパンの香り…。
さまざまな香りが立ち上ります。
それが複雑に折り重なり、ひとつの形を形成します。
それも"料理をすること"なのです。

しかし、"香りが味に直接関係している"ということを
意識している人は少ないのではないでしょうか？

私たちは知らないうちに
先人によって生み出された香りの組み合わせを楽しんでいます。
その料理と香りの秘密の関係を紐解くことで
より楽しむことができるでしょう。

まずは食材の香りを嗅いでみてください。
それが魅惑の世界の入り口です。

横田　渉

香りと食材の組み立て

本書は5章の構成。どの章から読みはじめても楽しめます。
でも、「香り」についてよく知り、おいしい料理との関係をじっくりと考えたい時には、ぜひ第1章から。そこから段階的に、第2章の調理法と香りの関わり、第3章の香りの抽出法へと進むことができます。第4章と第5章では、料理の実践からさらに、歴史や現代社会へと視野を広げます。

1.

香り入門
「香り」を知る

おいしさを構成するのは、
味覚だけではありません。
料理に生かす「香り」の基礎
知識を身につけましょう。

5.

香りとマネジメント
社会に生かす「香り」

気分や体調にまで影響をあたえる
「香り」。香りの知識を、
新レシピ考案や店舗の
サービス改善に役立てましょう。

2.

調理法と香り
「香り」の変化をとらえる

切る・刻むなどの下ごしらえ、
炒める・燻すなどの加熱の作業。
調理法によって変わる「香り」に
着目してみましょう。

4.

香りの文化学
ストーリーで感じる「香り」

キッチンの外にも、「香り」を
生かすためのヒントはたくさん
あります。「香り」にまつわる食の
歴史・文化へと視野を広げましょう。

3.

香りの抽出法
「香り」を移す素材を究める

植物油や酒、酢、水。
塩や砂糖などの調味料。
身近な素材を使い、「香り」を
生かした料理の幅を広げましょう。

Contents

1. 香り入門

「香り」を知る ………………………………………………… 12

Q よい香りはどこに含まれているの？／目に見えない香り。正体は何ですか？／「レモンの香り」って、何でできているの？／料理を生かす「香り分子の性質」とは？／食物の香りが変わってしまうのはなぜ？／香り分子を分類してみよう

嗅覚のしくみと風味 …………………………………………… 22

Q 香りはどうして感じられるの？／香りをどうやって区別しているの？／香りはおいしさと関係があるの？／どうして感じ方に個人差があるの？

2. 調理法と香り

準備・下ごしらえ ……………………………………………… 30

Q 香りを生かす料理。準備・下ごしらえで気をつけることは何ですか？／「切る・刻む」調理法で香りは変わる？／乾燥させると香りは変わるの？／「すりおろす」「すりつぶす」調理法で香りは変わるの？

加熱調理 ………………………………………………………… 40

Q 加熱調理をすると、香りは変わるの？／玉ねぎを加熱して、香りの変化を感じてみよう／なぜ、加熱で香りが生まれるの？／コーヒー豆やほうじ茶、なぜよい香りなの？／なぜ燻すと香りが変わるの？

表記に関する断り書き

香りとにおい

　本書では、人が嗅覚を通じて受け取る情報に対し、主に「香り」という言葉をあてています。一般に「香り」という言葉は、受け手にとってポジティブな意味をもった嗅覚刺激を指して使われます（「芳香」という言葉も、同様にポジティブな意味で使われることが多いです）。本書では、料理するときに役立つ良い嗅覚刺激に関する話題が多いため、「香り」という言葉を選択して、テーマとしました。

　これに対して「匂い（におい）」は、現代社会では、ポジティブな意味にもネガティブな意味にも使われています。なお日本の古語では、「におい」の語は、嗅覚に限らず、視覚的な色の美しさや、物の華やかさ、趣きや気品をあらわす言葉としても用いられていました。また、「臭い」という漢字を当てる場合は、受け手にとっての悪臭を指しています。本書の中では、例えば「魚のなまぐささ」などを説明する部分で、「香り」ではなく「臭い」という言葉を使っています。

風味

　人は食べ物を口内であじわうときに、味覚情報と嗅覚情報を融合させてあじわい、おいしさを感じます。このように、口内で生じた嗅覚情報（香り）と味覚情報（味）が合わさって感じられる食物のあじわいやおいしさを、本書では「風味」と呼んでいます。

　「コーヒーの風味」と書かれていれば、それは、鼻先から吸い込んだコーヒーの香りではなく、食品として口に入れ、飲み込んだときに喉から鼻へと立ちのぼる香りと苦味や酸味が融合して、私たちに感じられるあじわい、おいしさを指しています。

＜参考：広辞苑第三版 第九刷（岩波書店）＞
・かおり（薫・香）
①よいにおい、香　②つややかな美しさ
・におい
①赤などのあざやかな色が美しく映えること。　②はなやかなこと。つやつやしいこと。③かおり。香気。④（「臭」と書く）くさいかおり。臭気。⑤ひかり。威光。⑥（人柄などの）おもむき。気品。⑦同色の濃淡によるぼかし。⑧芸能や和歌・俳諧などで、そのものに漂う気分・情緒・余剰など。
・芳香
　よいにおい。
・風味
　あじ。上品な味わい。趣致。（※趣致＝おもむき。風情）

香りのある食材に関する安全上の注意

　本書では、のびるやせりなどの野草を香り食材として紹介しています。野草には香りがよく、健康増進に役立つ成分を含むものとして食用されてきた歴史を持つものが多くあります。とはいえ、野草を採集するときに注意したいのが、毒草との混同です。野草・山菜・キノコ採りで誤って毒草を持ち帰り、食中毒で深刻な事態に陥った人の例は毎年報告されています。（H20 ～ H29患者数合計818名／厚生労働省の発表）野草の採集、活用には十分な注意が必要です。

毒性のある野草
食材になる野草と見た目のよく似ている毒草がある。野草摘みの際は、注意が必要。

毒のある野草	見た目の似た野草
スイセン	ニラ、のびる、玉ねぎ
バイケイソウ	オオバギボウシ、行者ニンニク
チョウセンアサガオ	ごぼう、オクラ、モロヘイヤ、アシタバ、胡麻
クワズイモ	里芋
イヌサフラン	ギボウシ、行者ニンニク、ジャガイモ、玉ねぎ
トリカブト	ニリンソウ、モミジガサ
コバイケイソウ	オオバギボウシ、行者ニンニク
ヨウシュヤマゴボウ	ヤマゴボウ
ハシリドコロ	フキノトウ、ギボウシ
ドクゼリ	せり
スノーフレーク	にら
テンナンショウ類	トウモロコシ、タラの芽
ジキタリス	コンフリー（食用禁止）

毒性のある鑑賞用植物
きれいな花を咲かせる観賞用植物にも有毒のものがある。誤食すると危険なので、葉や茎をふくめ、料理のトッピングなどに使用しないよう注意が必要。

アジサイ、スズラン、ヒガンバナ、ツツジ、キョウチクトウ、クリスマスローズ、シャクナゲ、クレマチス、スイトピー、フクジュソウ

「香り」を知る

　レモンをスライスした時の鮮烈な香り、
ミントティから立ち上る爽やかな香り……。
香りは人の心に多様な印象をもたらし、気分や食欲、体調にさえ影響
を与えます。目に見えず、いつの間にかどこかに消えてしまう「香り」
の正体とは、どのようなものなのでしょうか。また香りの違いはどの
ように生じるのでしょうか。
　本章では、料理に香りを活かす基礎知識を身につけましょう。

香りの正体を知れば、
料理に生かすアイデアが
湧いてきます

実習テーマ

レモンの香りは果皮にある

柑橘類の「香りのもと」を見つけよう

使うもの

無農薬レモン1個、ナイフ

手 順

1. レモンを1個を手にとります。
   果皮に鼻にあてて、そのまま嗅いでみましょう。
   あまり強い香りはしません。

2. 次に、レモンを真ん中から半分に切ります。
   薄い輪切りを1枚、作ります。

3. 果肉の部分から、果皮（黄色い皮）の部分を取り除いてみま
   しょう。

4. 3の果皮の構造をよく見てください。
   表面近くに小さな粒状の袋（油胞）がたくさんあるのがわかります。

5. ティッシュペーパーに3の果皮を押し付けてみましょう。
   ペーパーについた液体の香りを嗅いでみてください。

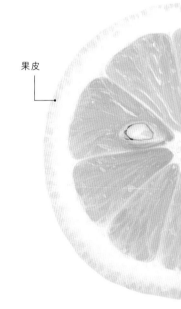

果皮

わかること

レモンをはじめ、オレンジ、グレープフルーツ、伊予柑など柑橘類の
よい香りは、果皮の油胞のなかの液体に含まれているのです。

Q よい香りはどこに含まれているの？

果実の皮、花、葉、樹皮、鱗茎など、
植物の種類によりさまざまです。

＜レモンの香りの源は果皮＞

例えばP13で体感したレモンの香り。柑橘類では、果実の一番外側にある果皮の「油胞」と呼ばれる器官の中に、香りの分子が蓄えられています。ミカンの皮を手でむいた時に、果肉を食べる最中よりもはっきりとした香りの広がりを感じられるのはこのためです（果汁にも多少香りの成分は含まれていますが、成分の種類は異なります）。

＜香りをふくむ部位＞

薔薇やジャスミンでは、花の部位が大変香り高いです。花々はよい香りで虫たちを引き寄せ、受粉の手伝いをしてもらうため、このような甘い香りを蓄えていると考えられています。そのため、花から香料を採る生産者は、香りが揮散しない早朝に、注意深く葉や枝を避けて摘み取りを行わなくてはなりません。

また樹皮を利用する例には、シナモンがあります。クスノキ科の常緑樹の樹皮を薄くはがして、乾燥させます。粉末にしたものは、ドーナツやアップルパイの風味づけに使われますね。ガーリック（にんにく）では、地下に出来る「鱗茎（球根）」の部位を使います。

とはいえ、複数の部位が料理に活用される植物もあります。各部位が、少し違った香りを持っていて、それぞれが楽しめるのです。日本原産といわれる山椒は、ミカン科の植物ですが、春は木の芽（葉）、花山椒（花）、初夏は実山椒（未熟）と、別の部位を用います。秋になると、熟果がはぜて果皮と中身の黒い種子に分かれますので、果皮を乾燥し粉山椒に加工。同じ植物から採れるにもかかわらず、香りや食感が異なり、それぞれの特徴に合わせて、料理に利用されるのです。

香りが利用される部位による植物の分類

花	薔薇、ジャスミン、オレンジフラワー、カモミール
果皮	レモン、スイートオレンジ、グレープフルーツ、マンダリン、柚子、ライム、仏手柑、八朔、山椒
葉	ユーカリ、松、杉、山椒
根茎	ジンジャー、ターメリック
樹部	シナモン（樹皮）、サンダルウッド、シダーウッド
花蕾	クローブ
種子	ナツメグ、クミン、アニス
全草	ラベンダー（花）、ゼラニウム、タイム、ペパーミント、マジョラム、バジル、レモングラス

香り分子が多く含まれる部位は、植物によりさまざまです。

Q 目に見えない香り。正体は何ですか？

香りをもたらすのは、ある範囲の
化学物質であることがわかっています。

<香りの正体は化学物質>

人に香りを感じさせる化学物質（本書では、これを仮に「香り分子」と名付けておきます）の種類は、およそ数十万種もあると推測されています。食品に含まれる香り分子には、炭素（C）」を骨格とした低分子の有機化合物（Organic compound）が多く、炭素のほか水素（H）・酸素（O）・窒素（N）、硫黄（S）により、さまざまな種類の「香り分子」が構成されます。

<香るための条件>

その化学物質が人にとって「香る」ためには、空気中を漂って人の鼻の中にまで届かなくてはなりません。そのため、化学物質のなかでも、揮発性（常温で液体の状態から気体へと分子が飛び出していく性質）のあるもので、およそ炭素数20、分子量350以下くらいまでの分子が、「香り分子」として働いています。「香り分子」が空気中を漂い、私たちの鼻の穴に入っていくところから、私たちの香り体験が始まるのです。

<古代ギリシア・香りを考える学者たち>

目に見えず捉えどころのない「香りの正体」について考え、分類しようという試みは、古代ギリシアの時代にもすでに行われていました。

哲学者プラトンは、「匂いにはそれに対応する名前がない。匂いの種類は多くなく、かといって単純明快でもなく、ただ不快か心地良いかという点によってのみ二分される」と言いました。また彼の弟子だった哲学者アリストテレスは、嗅覚が、視覚・聴覚（外界からの非接触な刺激による感覚）と味覚・触覚（接触による内的な感覚）の間にあるため、分析しにくい感覚だと考えていました。二人のこの言葉は、香りの側面を良く表しているようですが、嗅覚に情報をもたらすもとになるものは何なのか？　それについては示されていません。

そんな中、古代ローマの哲学者ルクレティウスは、「香りの違いは分子の形や大きさによって決まる」と説いています。彼の洞察は、現在の香りの捉え方に近いといえましょう。分子の大きさや形、官能基（⇒P20参照）の違いにより、香りの質の違いが生まれると現代では考えられています。

大昔から香りは
「謎」だったの
ですね…

香りの正体について考え、分類しようという考えは、古代ギリシアの時代でも行われており、哲学者プラトンをはじめ、さまざまな哲学者たちの説が残されている。

Q 「レモンの香り」って、何でできているの?

レモンに含まれる香り分子は180種
以上。多種類の分子の混同体です。

<たくさんの香り分子が混合>

一つの食物から漂う香りも、同じ種類の香り分子でできているわけではありません。多くの種類の分子が交じり合ってできています。

例えば、爽やかなレモンの香り。特徴的な成分としてシトラール(アルデヒド)、また酢酸ゲラニル(エステル)、ネロールやゲラニオール(アルコール)、リモネン(炭化水素)などが含まれています。

<量と強さは比例しない>

香り分子は、多く含まれているほど、強く香るとも限りません。リモネンは、含まれる量の割合は多いのですが、強く主張しません。反対に、割合は小さくとも、全体の香りに大きく影響するような種類の香り分子もあります。種類ごとに、「閾値」が異なるのです(「閾値」=人が香りを感じられる最低限の刺激量の値 ⇒P29参照)。

セロリの香りも、シナモンの香り、松茸の香り、食物から感じる香りは、すべて多くの種類の香り分子の混合体なのです。

<同じ香り分子をもつ植物も>

別の食物の中に、同じ種類の香り分子が見つかることもあります。例えば、シソ科のレモンバームやイネ科のレモングラスク、マツヅラ科のレモンバーベナ(ベルベーヌ)。ハーブティーにして楽しめる植物ですね。

これらは柑橘類とは縁遠い種類にもかかわらず、レモンに香りが似ていて、「レモン○○」と名付けられています。

理由は、葉にレモン果皮の特徴香気「シトラール」を多く含んでいるから。「レモンよりもレモンらしい香り」のハーブなのです。

<加工で生じる香り>

また、植物そのものの香りに加え、加工の工程で新たな香りが加わる食物もあります。
例えばコーヒーやワイン。それぞれ800種以上の香気成分が確認された食品で、複雑な香りが魅力です。製造には焙煎や発酵、熟成などの工程が欠かせませんが、この工程のなかで、原料にはない種類の香り分子が生まれ、複雑な香りが完成されるのです。

.... 香りと名言

一つの香ひといふものは有り得ない。
一つの花の香ひと云つても、
それは幾つかの香ひが調合されて
えならぬ一つの香ひぶくろを
膨らませてゐるのだ。

『香ひの狩猟者』 北原白秋

北原白秋は、明治から昭和期の詩人・歌人。花の良い香りも、多くの種類の分子の混合体であることを直感的に見抜いている。植物は偉大な調香師なのだ。

Q 料理を生かす「香り分子の性質」とは?

まずは、4つの性質を確認しておきましょう

香りの正体が化学物質（香り分子）であることが分かったところで、料理に生かせる香り分子の性質について、見ていきましょう。捉えどころがなく、すぐに消えてしまう「香り」も、性質を知れば、上手くつきあうことができます。

ここでは、4つの性質に着目します。

① 揮発性である

人が香りを感じるためには、香り分子が空気中を漂い、私たちの鼻の穴の中に入って来なければなりません。つまり分子が「香る」ためには、常温で気体になる性質（＝揮発性）を持っていることになります。常温でも気化する物質ですから、加熱すればさらに気化は促されます。

この性質を知っていれば、出来たての温かい料理のおいしさの理由がわかるでしょう。香り分子が、熱により一気に立ち上ることで、料理の香り、風味が十分に楽しめるわけです。

しかし反対に、この性質は、時間の経過でおいしさが劣化する理由にもなります。香りの分子が飛び去ってしまえば、もうおいしさは戻らないのです（もちろん温度低下や水分減少による食感の変化も劣化の理由でしょうが）。

常温でも徐々に香り分子は揮散してしまいますから、スパイスや茶葉なども必ず密閉状態で保存するように注意しましょう。

② 親油性のものが多い

食材食物の香り分子を調べると、多くは親油性（疎水性）で、植物性や動物性の油脂に溶けやすい性質をもっています。

ジャスミンの花から香料をとる例を挙げてみましょう。ひと昔前までは、ジャスミンの花の香料を採るために、牛脂や豚脂などの動物性油脂が使われていました。ガラス板に薄く伸ばした脂に花を並べ、しばらく置いて香りが移った頃に取り除き、また新しい花を並べる、という地道な手作業を繰り返し行って貴重な香料を得ていたのです。香り分子の親油性の性質を活かした抽出法であるといえます。

植物油に身近なハーブやスパイスを漬け込み、香り分子を溶かし出して食用や薬用にする知恵も、世界各地で古くから伝えられています。

香り分子には親水性のものもありますが、親油性のものが大多数といえます。

③ 化学変化する

香り分子は環境により変化する可能性を持っています。

酸素があれば、酸化されて他の物質に変化することもありますし、近くにある他の物質と反応してしまうこともあります。常温では反応しないものでも、加熱により反応する場合もあります。

食物や料理の香りは、刻々と変わっていきます。香気の変化を押さえたいのか、逆に変化をうながしたいのか。食品の保存や調理を行う際には、化学変化への配慮が必要になるのです。（⇒P18参照）

④ 引火性にご注意

『柑橘類の文化誌』（ピエール・ラスロー著）には、著者の子供の頃のクリスマスの面白いエピソードが載せられています。

ディナー後、クリスマスツリーに下げられたオレンジを好きなだけ採って食べていいと両親に許された兄弟は、オレンジの果皮で遊んだそうです。「ろうそくの炎をめがけて果皮のしぶきをピュッと飛ばすのは楽しかった。そうすると揮発性のオイルに火がついて炎がパッとあがり、ちょっとした爆発が一瞬見えるのだ」。

著者はこの思い出を「いずれ化学者になる私の将来をいち早く予感させる出来事だったかもしれない」と懐かしげに文章を結んでいますが、この例にあるように、植物から抽出した香り物質には引火性のものも多く、火気の傍での使用には十分注意が必要です。

Q 食物の香りが変わってしまうのはなぜ?

目には見えませんが、「香り分子」は、動いたり、変わったりするのです。

何も手を加えていないのに、時間の経過により食物の香りが変わって驚くことがあります。こんな時「香り分子」には、いくつかの変化が起こっています。

①香り分子の揮散/②成分間の化学反応/③脂質などの酸化、などです。

このような変化は、料理のおいしさを損なうこともありますし、また逆に、料理をおいしくすることもあるのです。少し詳しく見ていきましょう。

＜香りが劣化する例＞

焙煎したコーヒー豆の例を挙げます。

「コーヒー豆をペーパードリップ用に挽き、当日使わなかった分を袋に入れて保管しておいたが、翌週になって淹れてみると、なんだかおいしくなくなっていた」という場合。ここには、香りの変化を引き起こす3つの要因が絡んでいます。

①～③を見てみましょう。

---

column

カモミールティ　健康増進への期待

主に地中海の原産で、香りがあり人の生活に役立つ植物は、ハーブ（Herb）と呼ばれます。このような植物のなかに、人の心身の健康増進に役立つ働きをするものがあることは、古来経験的に知られていました。現代のさまざまな研究を通じ、その有効性が明らかにされているものもあります。

例えば、ヨーロッパを中心に愛飲されてきたハーブの一種、カモミールのティーは、鎮静作用があると伝えられてきました。イギリスで生まれ世界的に愛された絵本『ピーターラビットのおはなし（The Tale of Peter Rabbit）』にも、母さんウサギが体調の落ち着かない子ウサギにカモミールティを与える場面が描かれています。

このカモミールティの働きを示した実験があります。白湯を飲用した場合との比較を行ったところ、カモミールティが末梢皮膚温を上げ、心拍数を下げ、副交感神経を優位にする働きが示されてました。カモミールティーを飲用すると、リラックスした状態になり、心が落ち着くというのは確かなようです。

ピーターラビットの母さんウサギも、きっとこの働きを知っていたのでしょう。

① 香り分子の揮散

　コーヒーを特徴づける好ましい香り分子が、空気中に揮散し、無くなってしまった。香り分子は揮発性なのです。また粉末にしたことでさらに揮散しやすくなりました。密閉容器に入れておけば、揮散は多少防げたかもしれません。

② 含まれる成分間の化学反応

　食品中にもとから含まれている成分同士が反応し、当初なかった不快な香り分子が生成された。このように、人が手を加えなくとも、新しい香り分子（この場合は悪臭）が作られる可能性があるのです。

③ 成分（脂質等）の酸化

　食材がもとから持っていた成分が空気中で酸化され、不快な香り分子が増加してしまった。特に脂質の酸化は香りを劣化させます。この場合も、空気に触れないようにすれば、酸化がある程度抑えられたでしょう。

　いずれにせよ、挽いてしまったコーヒー豆から、香りのよいおいしいコーヒーを淹れるのは、時間との勝負。密閉容器に保管し、挽いたら早めに使い切るようにしましょう。

＜香りが向上する例＞

　とはいえ、時間の経過が、必ずしも香りの劣化を促すとは限りません。コーヒー豆の例では、①～③のすべての変化がマイナス結果に繋がりましたが、逆にそれらがすべて、プラスの結果に繋がる場合もあります。

　例えば、生のハーブの香気が強すぎると感じる場合。乾燥させることで、「①の香り分子の揮散」が起こると、香りが和らぎ、料理にふさわしい印象に変わることがあります。また、乾燥すると、香りが弱まるだけでなく、含まれる香り分子のバランスも変化します。これを料理のなかでうまく使うという方法もあるでしょう。（⇒P36参照）。

　さらに、②や③のような新しい香り分子の生成は、品質向上のために、勧められる食品さえあるのです。

　例えば牛の生肉。一定の保存時間を置くことで、生肉にもともと含まれている酵素が働き、タンパク質が分解されアミノ酸となり、旨味が増すことはよく知られています。しかし、変わるのは味だけではありません。

　酸素のある環境下で時間を経ると、甘いミルク臭に似た「熟成香」が生まれるという報告があります。この変化は、加熱調理後の肉料理の香り・風味に影響するほどのものだということです。

　このような場合、変化は「熟成」と呼ばれて重視され、時間の経過による変化は望ましいものとされます。

香りは刻々と変わっていくのですね…

香り分子を分類してみよう

香り分子の分類では、
「骨格」と「官能基」が注目ポイント。

食物に含まれる「香り分子」の種類は非常に多く、聞きなれない名前や特徴を一つ一つ覚えることは難しそうです。そんな時は、これらをいくつかのグループに分けて捉えてみましょう。

香り分子の多くは、炭素（C）を骨格とした、水素（H）や酸素（O）、窒素（N）などを含む低分子有機化合物です。分類のポイントは二つ。

「分子の骨格による分類」と、「官能基による分類」です。各グループの香りの傾向はある程度把握されており、それぞれの香り分子の働きや特徴をとらえる際に目安になります。

とはいえ、分子の構造と人が感じる香りの印象の関係についてはまだ不明なことが多いのです。1対1のはっきりした規則性、必然性は示されていません。

＜分子の「骨格」による分類＞

香り分子である有機化合物の分類ポイントの一つ目は、分子の骨格（大枠の構造）の違いです。構造は二つに分類できます。「芳香族化合物」と「脂肪族化合物」の二つです。「芳香族化合物」は、ベンゼン環（炭素原子6個と水素原子6個で出来た6角形の還）を分子内に持っています。分子量が300以下の芳香族化合物は、たいてい、その名にふさわしく甘い香りを持っています。

ベンゼン環を持っていない「脂肪族化合物」には、直鎖状のものもあれば、環状になっているものも見られます。

＜「官能基」による分類＞

「官能基」とは、特徴的な原子団（分子内の一部分で、一つの化学単位を作る複数の原子の集団）のことです。分子の全体的な形を「骨格」とするなら、「官能基」はそこに付いている部分の形、と想像すればいいかもしれません。全体の骨格が似た形をしていても、そこに付いる部分の形の違いにより、香りや働きが大きく変わるということがあります。この官能基の違いに着目して、香り分子を分類するのです。

例えば官能基のひとつ、「ヒドロキシ基」（-OH）がついた脂肪族化合物は「アルコール」に分類されます。ハーブや花に含まれる多くの香り分子がこのグループに含まれます。

また、「アルデヒド基」（-CHO）がついたものは「アルデヒド」に分類されますが、これは一部のアルコール類が酸化した時にできるものです。アルコール類が爽やかな香りや花のような香りのものが多いのに比較すると、アルデヒド類は、刺激のある強めの香りをあらわす傾向があります。アルデヒドがさらに酸化すると「カルボキシ基」（-COOH）がついたカルボン酸になります。酢酸などカルボン酸の香りは、一般に酸のような香りがします。

なお、アルコールの官能基と紹介した「ヒドロキシ基」がついた芳香族化合物になると、「フェノール」というグループに入ります。フェノール類の薬品調の香りは、食品に独特の風味を作っています。焙煎したコーヒーやウイスキーに含まれる、少しクセのあるスモーキーな香りにも含まれています。

また、食品の香りを説明するのに、「エステルのような香り」という表現を見かけることがあります。エステルに分類されるものには、いわゆるフルーティな香りが多いです。例えば「酢酸エチル」は、パイナップルのような香りといわれますし、「酢酸イソアミル」はバナナのような香りといわれます。

このように、多種が存在する香り分子も、グループ分けができると知ると、目に見えない香りの正体が少しとらえやすくなりそうです。

食品に含まれる香り分子の分類

分類		食材に含まれる香り分子　の例
炭化水素 官能基：なし	モノテルペン	*リモネン（みずみずしい柑橘調の香り）：多くの柑橘類の果皮や花など *ミルセン（スパイシー樹脂様の香り）：ジュンパーベリーやローズマリー、ヒノキなどに含まれる *α-ピネン（松のような樹木様の香り）：松や針葉樹など
	セスキテルペン	*ファルネセン（グリーンな香り）：りんごの果皮など
アルコール 官能基：ヒドロキシ基	モノテルペン	*リナロール（穏やかなフローラル調の香り）：ラベンダーやオレンジ花、ベルガモット、マスカット、紅茶など *ゲラニオール（甘い薔薇様の香り）：薔薇やゼラニウムなど *メントール（清涼感のあるミントの香り）ミントなど
	セスキテルペン	*ネロリドール（落ちついたフローラル調の香り）
	ジテルペン	*スクラレオール（甘いバルサムの香り）：クラリセージ
アルデヒド 官能基：アルデヒド基	テルペンアルデヒド	*シトロネラール（甘くグリーンな香り）：シトロネラなど
	脂肪族アルデヒド	*オクタナール（フレッシュなオレンジ様の香り）：多くの柑橘類の果皮など *ヘキサナール（青葉のようなグリーンな香り）：樹木の葉や野菜など
	芳香族アルデヒド	*バニリン（落ち着いて深い甘い香り）：バニラ・泡盛など *ベンズアルデヒド（甘く丸みのある香り）：アーモンドや杏仁など
カルボン酸 官能基：カルボキシ基		*酢酸（ツンとした刺激的な香り）：酢や酒類など *酪酸（単独では酸敗臭・不快臭）：乳製品など
ケトン 官能基：ケトン基		*ヌートカトン（グレープフルーツ特有の柑橘調の香り）：グレープフルーツ
フェノール類 官能基：ヒドロキシ基		*チモール（薬品調のスパイシーな香り）：タイムなど *オイゲノール（スパイシーで甘みのある香り）：クローブなど *グアイアコール（薬品調のスモーキーな香り）：スコッチウイスキーなど
エステル 官能基：エステル基		*酢酸イソアミル（甘くバナナ様の香り）：バナナやリンゴ、ブドウなど） *酢酸リナリル（優しいフローラル調の香り）：ラベンダー、ベルガモット、紅茶など *酢酸エチル（強いフルーティ調の香り）：パイナップルなど

食品に含まれる香り分子には数多くの種類があるが、分子の形をもとにグループに分類することで、それぞれの香りの傾向をつかむことができる。

★「テルペン」とは

分子の骨格（大枠の構造）について本文で説明しましたが、脂肪族化合物のなかでも、ハーブや花に含まれている香り分子の多くは、「テルペン」に分類されるものが多いです。テルペンとは、「イソプレン」という名の、炭素5個を含む単位がつながってできています。「モノテルペン」の仲間はイソプレンが2個、「セスキテルペン」の仲間は3個、「ジテルペン」の仲間は4個つながっており、それぞれのグループで働きの傾向が違います。この表では、脂肪族化合物のアルコールや炭化水素に属す香り分子を、これらのグループに分けて示しています。

多様な香り分子もグループ分けできるのですね

1. 香り入門

嗅覚のしくみと風味

　香りを感じる……この時、人の身には何が起こっているのでしょうか。近年の嗅覚に関する研究の発展は目覚ましく、人の「香り体験」の謎が少しずつ解き明かされています。

　また嗅覚は、人が食べ物の「風味」を感じるために欠かせない感覚でもあります。口の中の食べ物の香りはどのように味と融合されるのでしょうか。

　本章では、嗅覚のしくみと風味について見ていきましょう。

実は、
嗅覚がおいしさを
左右しているのです

実習テーマ

風味は嗅覚が作っていた

香りの大切さを体感しよう

使うもの

お好きなチョコレート1種類　4片以上

手　順

1. まず、チョコレート1片を口に入れます。
   ゆっくりと溶かしながら味わいましょう。
   いつものように、おいしさが感じられます。

2. 白湯で口をゆすいだ後、鼻をつまんだ状態で、2片目のチョコレートを1片入れます。
   呼吸は口で行ってください。ゆっくりと溶かしながら味わいましょう。甘さは感じられますが、おいしさは感じられるでしょうか。

3. 3片目のチョコレートを口に入れます。
   鼻をつまむのをやめて、いつものように鼻で呼吸をしながらおいしさを味わいます。

わかること

おいしい「味」と思っていたものは、実は嗅覚(香り)と味覚(味)が融合して感じられる「風味」であることが実感できます。
風味については、 P26で詳しく見ていきましょう。

◎ 香りはどうして感じられるの？

鼻の奥「嗅上皮」に届いた香り分子の
情報が、脳へと伝えられます。

前節では、人に香りの体験をもたらす「香り分子」についてお話しました。「香り分子」はどのようにキャッチされ、情報として脳に伝わるのでしょうか。また、私たちはどのように香りのイメージをつくりあげるのでしょうか。少し詳しく、嗅覚のしくみを見てみましょう。

＜嗅覚の情報伝達のしくみ＞

空気中を漂っている分子は、私たちの鼻の穴に入ると、「嗅上皮（きゅうじょうひ）」にとらえられます。嗅上皮は鼻の穴の奥、鼻腔の上部に位置します。

嗅上皮の表面は粘液に覆われていて、香り分子はその粘液に溶け込むのです。

嗅上皮には、「嗅細胞」がびっしりと並んでいます。そして嗅細胞から出ている繊毛には、「嗅覚受容体」が備わっています。ひとつの嗅細胞は、1種類の嗅覚受容体しか担当しません。人の嗅覚受容体は400種程度が機能していると考えられていますが、ひとつの嗅細胞は、そのうちの1種類だけを発現させているのです。

嗅覚受容体のなかに、香り分子に結合するものがあると、結合したという情報は嗅細胞で電気信号に変換され、脳の領域の嗅球へと情報伝達されます。嗅球で、受容体の種類ごとに糸球体へと集められて整理されます。そして嗅皮質へと伝えられていくのです。

嗅皮質に達した香りの情報は、いくつかの経路で脳の各部位に伝達されていきます。香りの認知がされる前頭眼窩皮質のほか、快・不快の反応や喜怒哀楽、恐怖感などの感情を司る扁桃体、記憶を司る海馬へと伝えられていくのです。

＜人にとって嗅覚の役目は？＞

改めて考えてみると、人にとって、嗅覚の役割とはどんなものなのでしょうか。

嗅覚は、空気中にある香り分子を捉えて、その情報を脳に伝えているわけです。おそらく大昔から、目に見えない天敵の存在や、遠い火災の発生など、危険の感知を担ってきたことは想像できます。また生殖行動や子育ての過程にも、嗅覚からの情報は欠かせないと考えられています。

さらに、生涯を通じて重要なのは、食物の探索でした。十分に熟した果実か。腐敗せず食べられる状態か。安全で価値のある食物の判断の基準も嗅覚に頼ってきました。もちろん、良い風味を楽しむことも、人にとって大きな価値であり続けたでしょう。

図1 嗅覚器のしくみ

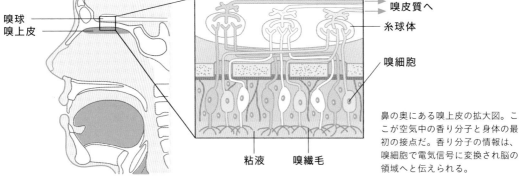

嗅球
嗅上皮
嗅皮質へ
糸球体
嗅細胞

粘液 嗅繊毛

鼻の奥にある嗅上皮の拡大図。ここが空気中の香り分子と身体の最初の接点だ。香り分子の情報は、嗅細胞で電気信号に変換され脳の領域へと伝えられる。

Q 香りをどうやって区別しているの?

嗅覚受容体の数は約400。働く受容体の「組み合わせ」で区別ができます。

<嗅覚受容体の数は400程度>

世に数十万種あるとも推測されている香り分子。人はどのように区別しているのでしょうか。それは研究者にとっても、長い間の難問でした。人間の鼻で機能している嗅覚受容体は400種程度。ひとつの種類の香り分子に、一つの種類の受容体が対応しているのだとすると、私たちは400種以上の香りは、嗅ぎ分けられないことになってしまいます。外からやってくる様々な香り分子の情報は、どのように脳へと伝えられているのでしょうか。

<「組み合わせ」で、情報を伝達>

現在では、適合する受容体と香り分子の関係は、1対1ではなく、多対多の対応だと考えられています。つまり、1種の受容体が分子構造の似た複数の香り分子に結合する、さらに1種の香り分子が複数の受容体と結合する、というしくみです。

例えば、仮にAという分子がやってきた場合、A分子が結合した受容体はどれとどれなのか。結合した受容体の「組み合わせ」情報が脳へと伝わることにより、他の分子との区別が行われるといいます。確かに、「組み合わせ」であれば、400種程度の受容体でも、十分に多くの種類の香りについて、区別ができるわけです。

ただし、私たちが料理を前にしたときに得る全体的な香りの印象には、嗅覚のもう少し複雑な情報処理が関わっています。仕上げにほんの少しだけ加えたハーブの香りが、料理全体の風味の印象を大きく高めてくれることも、台無しにしてしまうこともあります。あるいはクセのある風味のチーズが、特定のワインと合わせるとなぜかおいしく感じるなど、ペアリングの不思議を実感することもあります。

香りの「相互作用」は、実は香りが伝わる様々なレベルで起こっていると考えられています。香りのバランスの難しさ、面白さは、そう単純な足し算ではないことが、嗅覚の研究から明らかになっているのです。

今後、相互関係についての研究がさらに進めば、具体的に料理のレシピ開発などに役立つ知見も増えていくことでしょう。

<個人の記憶と香り>

脳へと伝わった香りの情報は、さらに、個人の記憶や経験からくる主観、価値感と照らし合わせられます。日常生活のなかで感じる食物などの香りは、多くの香り分子の混合物ですが、私たちはそれをバラバラに感じるわけでなく、全体像としてその香りを経験します。

例えば、イソ酪酸エチル(フルーティな香り)とエチルマルトール(キャラメルのような香り)、アリル-α-イオノン(すみれのような香り)の3種を特定の割合で混ぜたとしましょう。私たちはこれらの香りをばらばらに感じとるのでなく、それらをひとつの「パイナップルの香り」と感じるのです。

もちろん、これには過去の経験のなかで、パイナップルを嗅いだ記憶に結びつけた感じ方ということになります(⇒P28参照)。

多種多様な香りを操り、そこから単純な部分の総和ではない「新しい香り・風味」を作るという意味で、料理人はフレグランスを作る調香師と似ているのかもしれません。

Q 香りはおいしさと関係があるの?

おいしい風味は、味覚と嗅覚の
コラボレーションでつくられます

＜鼻をつまんでわかること＞

チョコレートを鼻をつまんで食べる体感実習②（⇒P23参照）では、おいしさに香りが欠かせないことを実感できたのではないでしょうか。

嗅覚は、外から来る「香り」を捉えるだけでなく、実は身体の内側、口内や喉ごしの「香り」も感じとっているのです。

そして脳は、嗅覚でとらえた、口内や喉ごしの食物の「香り」、味覚が受け取った「味」、それらの情報と融合して、感じ取ります。一般に、私たちが「風味」と呼んでいるのは、この味覚と嗅覚が合わさって感じられるおいしさです。私たちは、「鼻つまみ実習」をしないと、「香り」がおいしさの一部であることに、普段はなかなか気づきません。

では、この「風味」について考えるために、嗅覚の二つの経路をみていきましょう。

図2のように、香り分子が、鼻の奥の嗅上皮に届く経路は、前方からと後方からの二つがあります。「オルソネイザル嗅覚」の経路と「レトロネイザル嗅覚」の経路です。

＜オルソネイザル嗅覚の経路＞

一つ目は、鼻先を通じて外界から香り分子が入ってくるオルソネイザル嗅覚の経路です。

香りをかぐというと、一般に私たちは、花に顔を近づけてスッと吸い込むような動作を想像します。身体の外にあるものから、吸気とともに鼻の奥に香り分子を吸い込む、これが一つめの経路です。この鼻先からの経路による香りは、「オイソネイザル嗅覚（Orthonasal olfaction）」、「鼻先香」「たち香」などと呼ばれます。

語頭の「オルソ」は、「直の、まっすぐの」のという意味です。海苔を炙りながら磯の香りを感じたら、それはオイソネイザル嗅覚で感じ取った香り。人はオルソネイザル嗅覚により、食べ物を口に入れる前に、食べ物の新鮮さを判断できますし、過去の記憶と比較して味を予測できます。ま

図2 鼻の断面図

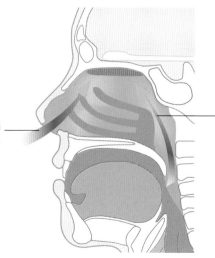

オルソネイザル香
（前鼻孔、鼻先から入って嗅上皮に達する香り）「鼻先香」「たち香」とも呼ばれる。

レトロネイザル香
（後鼻孔、喉ごしから上がって嗅上皮に達する香り）「口中香」「あと香」とも呼ばれる。

香りが嗅上皮に達する経路は二つ。鼻先から入るオルソネイザル経路と、咀嚼した食べ物の香りが喉から上がってくるレトロネイザル経路だ。後者は風味形成に大切な役割を担う。

たこれにより食欲が湧くということもあるでしょう。

＜レトロネイザル嗅覚の経路＞

もう一つの経路が、レトロネイザル（Retronasal olfaction）嗅覚の経路。喉ごしから鼻へとぬけていく、香り分子をとらえる経路です。

語頭の「レトロ」は、「後方の」を意味する言葉です。「口中香」「戻り香」「あと香」、また「咀嚼香」「喉ごし香」などとも呼ばれています。食物を口の中に入れ、噛みくだき飲み込む、その動作の中で、呼気とともに喉元から鼻の奥へと立ち上ってくる香りです。

この経路からの香りは、味覚からの五味（甘味・酸味・塩味・苦味・旨味）や渋味・辛味の情報と合わさって、食品が含み持つさまざまな「風味」を私たちに感じさせてくれます。いちごを口に入れて、フレッシュで甘い「あじ」を楽しんでいると思うとき、そこには味覚だけでなく、嗅覚が大きく関わっているわけです。

そのため、風味を詳しく考える際には、食材そのものから漂う香りを調べるだけでなく、口に入れてかみ砕いたときに、また唾液と反応したときに、生まれる香りへの注意も必要になってきます。

面白いことに、同じ香りであっても、別の経路から受け取ることで、脳の別の部位が活性化する、という報告もあります。

私たちの脳は、オルソネイザル嗅覚からの情報か、レトロネイザル嗅覚からの情報か、区別できているようなのです。

＜動物たちの嗅覚＞

ちなみに、ネズミや犬など他の哺乳類では、喉ごしの香りが、「レトロネイザル嗅覚」として嗅上皮にとらえられやすい構造はみられません。彼らはおそらく、人のように「風味」を感じながら食事はしていないでしょう。

よく「犬は鼻がよい」と言われます。犬の嗅上皮は人の40倍もあり、救助犬や警察犬は人間では嗅ぎ分けられないような微妙な匂いを辿っていくことができます。しかしそれでも、口に入れた食物の香りを味を感じ取っておいしさを楽しむことについては、人のほうが得意なようです。

「人はなぜ、料理するのか？」

この謎には、保健学的にも文化論的にも、答えはさまざまに述べられそうですが、人がこれほど料理に凝り、風味の喜び、食事の楽しみにこだわるのは、この身体の構造にも要因がありそうです。

....
香りと名言

「嗅覚の参加なくしては味の完全な鑑定はありえない、と吾輩は信じているばかりではない。さらに進んで、嗅覚と味覚は結局のところ一つの感覚にほかならない、口がその実験室とすれば、鼻はその煙突なのだ、と考えたいくらいである。」

『味覚の生理学』　ブリヤ・サヴァラン

ブリヤ・サヴァランは、18世紀フランス生まれの美食家。すでに、食物のおいしさに香りが重要な役割を果たしていることを指摘している。

Q どうして感じ方に個人差があるの？

遺伝的要因や慣れた食文化圏、
幼少からの食習慣などが影響します。

<遺伝的要因>

他の動物と人では香りの感じ方が異なる」、と前頁で書きましたが、実は人間同士でも、香りの感じ方は個々に違うようです。

例えば、特定の嗅覚受容体の遺伝型の違いにより、「アンドロステノン」の匂いを感じにくい人がいます。アンドロステノンは、人の汗などにも含まれる成分ですが、世界三大珍味・トリュフの香りにも含まれている物質です。

また別の受容体でも、遺伝子型の違いにより「青葉アルコール」の香りを、高濃度にしないと感じにくいタイプの人がいます。青葉アルコールは、"みどりの香り"とも呼ばれる、緑茶をはじめ、多くの野菜などにも含まれる香りの物質です。私たちは、同じ料理であれば誰しも同じ風味を感じていると思いがちですが、そうともいいきれないのです。

<食文化圏や食習慣の影響>

とはいえ、香り・風味への反応や好みは、遺伝的な要素だけで決まるわけではありません。慣れ親しむ食文化圏や、幼少期からの家庭での食習慣にも左右されます。

経験による学習は、すでに私たちが母親のお腹の中にいるときから始まっていると言われます。例えば、母親が妊娠中ににんじんを食べていた場合は、子供がにんじん風味の離乳食を嫌がることが少ないという報告があるのです。アニスやにんにくを使った研究でも、同様の結果が見られました。

<経験による学習>

さらに、人は成長の過程で、幼少期からの食生活では経験のない食物に、はじめてチャレンジす

る機会に出会います。その時、その食べ物がどんな印象を残し、身体にどのような影響を与えたか。これは個人にとっては重大な「学習」で、香り・風味の好みとして、その後長く影響するようです。

味覚嫌悪学習（ある食物を食べた後に、内蔵の不快感や不調を経験すると、その食物の特性が記憶されて、その後食用を避けるようになること）は、多くの動物や人間で観察されています。

味覚とともに示された嗅覚でも、同様に嫌悪学習が起こる、という動物を対象とした研究もあります。つまり、食物で不快な思いを体験してしまうと、そのときに感じていた香り・風味さえも受け入れられなくなることがあるのです。

ただ反対に、おいしさや満足感、驚きを与えてくれた風味ももちろん記憶され、その後の食の感じ方を変えていきます。

私たちの嗅覚は、身体の入り口にあるセンサーとして、厳格・保守的でありながら、一方で新しい栄養源や快楽源を求めて、日々の食経験の中で変化していく柔軟性ももっているのです。

感じ方は
人それぞれなのですね

2004年のノーベル賞　嗅覚の仕組みの解明

世界に数十万種もあるといわれる多様な香り物質を、人はどのように嗅ぎ分けているのでしょうか。過去、多くの学者がこの謎に挑み、仮説を試みてきました。

香り分子の振動が、嗅細胞に認識され、香りの質を決定づけるという「分子振動説」、香りの違いを感知するのは細胞膜の脂質二重膜だという「吸着説」などの仮説も提示された末、1990年代になり、アメリカのリンダ・バックとリチャード・アクセルが嗅覚受容体を見出しました。ここからの功績が繋がり、彼女たちは2004年に『嗅覚受容体および嗅覚神経系の構築メカニズム』でノーベル生理学・医学賞を受賞しています。

閾値（いきち）

各種の香り分子には「閾値」があります。閾値とは、ある香り分子が、人に「香り」を感じ取ることのできる最低必要な濃度を示す値です。空気の中にどれだけの量の分子が含まれていれば、「香り」の存在を感じることができるのか。濃度が閾値より低ければ、「香り」を感じることはできません。

閾値は、分子の種類により異なります。数多くの分子が漂っているのに、人にとって感じにくい＝「閾値の高い」種類の香り分子があります。少量でも人がすぐに感づくような「閾値の低い」分子もあります。そのため、例えば、ある果物から漂う香気成分を集め、何がどんな割合で含まれるかを数値で示しても、人間の「感じ方」（官能評価）とは大きく外れていることもあるのです。

2. 調理法と香り

準備・下ごしらえ

　香りを生かした調理法、まずは準備・下ごしらえの工程を見てみましょう。切る、刻む、すりつぶすなどの調理法が行われることが多いですが、これらの作業で変わるのは食材の形やなめらかさだけではありません。香り・風味も大きく変わります。

　本章ではまずは食材のどこに香りが含まれているのかを確認し、調理法との関係を考えながら、準備・下ごしらえを行ってみましょう。

香りの在りかによって、
調理法も工夫しましょう

実習テーマ

ローズマリーの「香り袋」は葉にあった

顕微鏡で見よう、香りの在りか

使うもの

顕微鏡：×100程度の倍率で見られるもの（アウトドア用の携帯顕微鏡でも可）

バジルの葉（その他シソ科のハーブ）

手順

1. まず、ローズマリーの葉に鼻を近づけて香りを嗅いでみます。

2. 顕微鏡の倍率を×100前後で、調整します。
ローズマリーの葉の裏側をみると、面に小さな球状のもの
がたくさんあるのが見つかります。
これが、香り分子がつまった香り袋です（→P32参照）

3. 他のハーブもあれば、同様に観察して比較してみましょう。

わかること

シソ科のハーブは、使う前にかるく揉んだり、刻んだりすることで香りが
よく立ちます。表面の「香り袋」を実際に見ると、その理由がよくわかります。

Q 香りを生かす料理。
準備・下ごしらえで気をつけることは何ですか？

**食材の香りの在りかを知ること。そして
上手に引き出し、逃さないことです。**

「食材の独特の香りを楽しみたい」「ハーブやフルーツの良い香りを料理に添えたい」。香りを生かす料理を考えた時、まず大切なことは、香りが食材のどこにあるのかを確かめること。そして、それを上手に引き出し、逃さないよう工夫をすることです。

忘れてならないのは、ハーブもフルーツも、私たちの食材である前に「植物」だという点です。理由があって独特の香りを作り、自身の役に立つところに蓄えています。植物の種類によって、香りのつくり方、在りかも異なっているのです。そういう視点で食材を見てみると、香りを十分に生かすアイデアが浮かびます。

食材のなかには、準備・下拵えで行う、切る、刻む、乾燥させる、すりつぶすなどの調理法で、香りが変わるものがあります。本章で、調理法と食材の関係について知り、香りを生かす料理にチャレンジしてみましょう。

---

column

植物はなぜ香りを作る？

花や葉、果皮など特定の部位に独特の強い香りを蓄えている植物は多くあります。植物は何のためにこのような香りを生成しているのでしょうか。

多くの植物にとって、香りは外界に対する巧妙な化学戦略だと考えられています。動物と異なり、根をはった場所から移動せずに生命維持と種の保存を行う植物。香りは、「有利に働いてくれる動物や昆虫、微生物を引き寄せる（＝誘引効果）」「害を及ぼすもの遠ざける（＝忌避効果）」「他の植物との間で情報を伝え合う」などの目的で、生成されているのです。例えば、シソ科のハーブのバジルも葉や萼（がく）に香り分子が詰まった袋を備えています。

別世界の森の中？

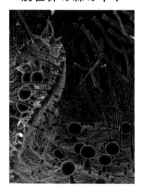

上記は、実は電子顕微鏡で見たハーブ（バジル）の萼（がく）の写真です。肉眼では見えにくい美しい複雑なミクロの世界が広がっています。自宅の顕微鏡では、ここまでの詳細をとらえることはできませんね。葉や萼の表面には、表皮細胞がのびたトライコーム（毛状突起）があります。たくさんの「香り袋」が生成され蓄えられているのが見られます。
（提供：理化学研究所）

Q 「切る・刻む」調理法で香りは変わる？

ハーブ、スパイスは「切る・刻む」の作業で香り立ちが変わります。

植物はそれぞれ、独特の香りを作り出しています。ハーブ類やスパイス類、野菜や果物など植物性の食材の香りを料理に活かすためには、まずその香りの出所を確かめるのが大切です。また同じ食材でも、切り方・刻み方で香り立ちが変わることもあります。

ここでは、「切る・刻む」調理法と香りの関係について見ていきましょう。

① シソ科ハーブの香り立ち

ミントやローズマリー、タイム、青紫蘇やバジルなどのシソ科のハーブを料理に添える時は、直前に軽くもんだり、刻んだりすると、香りがよく立つことが知られています（バジルは力を加えすぎると黒ずみやすいので注意）。

体感実習③（⇒P30参照）で見たように、これらのハーブは、葉の表面のトライコーム（毛状突起）に小さな「香り袋」を持っており、外から刺激をうけると表面の香りが発散するしくみを備えているのです。

袋に蓄えられた独特の香りは、植物にとって、葉に害をなす昆虫や微生物への防衛策。ミントやバジルのようなシソ科のハーブたちは、そのために香り分子を生成しているのです。図1のように、香り分子の生成は、袋の付け根の分泌細胞で行われ、蓄えられています。

② ローレル（月桂樹の葉）の切り方

ローレルでは、シソ科のハーブとは異なり、香りは丈夫な葉の内部に蓄えられています。ですから、香り立ちを良くしたい時は切って使うとよいでしょう。素材の「切り方」も香りに影響します。

ローレル（月桂樹）を、スープや煮込み料理に使う時、普段どのような切り方をされているでしょ

うか。ローレルの乾燥葉を使った「切り方」の実験報告を見てみましょう。

以下の4通りの切り方をした場合の、葉の香りの比較です。

A：切れ目の入れないもの
B：左右に切れ目を入れたもの
C：1cm四方に裁断したもの
D：ミルで粉砕し1mmのふるいにかけたもの

ローレルの主要な香り成分として、柑橘類のような香り「リモネン」、スッとした清涼感のある「ユーカリプトール」、ライムのような香りの「テルピノレン」、スパイシーな香りの「酢酸テルピニル」などが含まれているのですが、切り方が細かくなればなるほどリモネンが減少し、またユーカリプトールや酢酸テルピニルが相対的に強くなることがわかったのです。

つまり、細かく切ると、ローレルのフレッシュでフルーティな香りが減り、刺激的な香りが強調されるということになります。また、これらを水煮した場合一番香りが強いのは「B」でした。このように、同じ素材を使用しても切り方の工夫一つで、料理の仕上がりの香り・風味に違いが出てくることがわかります。

※佐藤幸子 数野千恵子「調理に使用するローレルの形状による香気成分」

図1 シソ科ハーブの香り袋

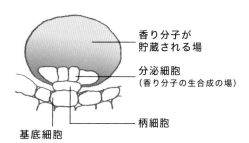

香り分子が貯蔵される場
分泌細胞（香り分子の生合成の場）
柄細胞
基底細胞

シソ科のハーブの香り分子はどこでつくられているのだろうか。「香り袋」の根元にある分泌細胞で合成され、袋に蓄えられると考えられている。

③ 柑橘類の果皮と切り方

レモンやオレンジ、柚子などの柑橘類の実は、爽やかな香りが魅力の食材ですが、特徴的な香りが多く含まれているのは果皮の部分です。ここに見られる粒々状の器官「油胞」の中に（⇒P13参照）、香り分子がつまっています。油胞は、シソ科のハーブの葉にあったトライコームの「香り袋」よりもずっと大きな器官です。この油胞をカットすることで、香りが発散されるのです。

そのため日本料理では、柚子の果皮を薄くそいで、香頭（吸い口）に用います。お椀のふたを開けると、カットされた油胞の部分から、温められ揮発した香り分子が広がり、季節感が十分に演出されます。

フランス菓子のオランジェットは果実の中でも香りの強い果皮だけを切り抜いた菓子ですし、バーテンダーがカクテルに添えるライムやレモンのゼストも、少量で印象的な香りと色彩を添える役割を果たしています。

鮮魚を柑橘系果皮でマリネすると、うま味に爽やかな香りを重ねることができます。下記のレシピ「カンパチのレモン締め」のように、比較的油脂分の多い種類の魚を使う場合は、果皮は細かく刻み、油胞から十分な香りを引き出すとよいでしょう。刻んだ後は、揮発を防ぐため、できるだけ時間をおかずに、鮮魚に吸着させて下さい。

ここではレモンを使いましたが、柚子など他の柑橘類の果皮でも同様にマリネに利用できます。

「切る・刻む」で香りを引き出すレシピ

作ってみよう

カンパチのレモン締め

材料(4人分)

カンパチ(サク) …… 320g（皮を取り除く）
レモンの皮 …… 2個分
（ピーラーで黄色い部分のみをむき、みじん切りにする）
塩 …… 少々

作り方

1. カンパチに軽く塩をしてレモンの皮をまぶし、バットなどに置き、ラップをして冷蔵庫で3時間から半日締める。
2. 1からレモンの皮を取り除き、薄くスライスしてお皿に並べ、オリーブ油と塩などをかける。

油分の多いカンパチに、さわやかなレモンの香りをプラス。
レモンの皮は細かく刻んで、香りを十分に引き出して。

◯ 乾燥させると香りは変わるの？

乾燥させると、全体的に香りは弱くなり、香りのバランスも変わります。

夏場に増えた庭のハーブを、乾燥させ保存している方も多いかもしれません。植物を乾燥させるアイデアには、保存性が増す、かさが減るなどの利点があります。ただ香りの観点からいえば、生の状態に比較し、乾燥物は全体的に香りが弱くなります。さらに、含まれる各種の香り分子バランスが変わってきますので、同じ素材というより、異なった素材と考えて料理に活かすとよいのかもしれません。ここでは、乾燥工程で変化する香りの例を見ていきましょう。

① タイムの生葉と乾燥葉

魚料理などによく利用されるハーブのタイム。生葉と乾燥葉では、どのような香りの違いがあるでしょうか。

コモンタイムの生葉と、乾燥葉（小束にして1週間を陰干ししたもの）を比較した実験があります。生葉では、全体の香りのバランスとして、弱いシトラス様の香りの「シメン」や木のような香りの「テルピネン」、薬品調の香りの「チモール」が主だったのに対し、乾燥後は、フローラルな香りの「リナロール」や樟脳のような香り「ボルネオール」、針葉樹のような香りの「α-ピネン」の割合が増加していました。生のタイムはやや薬品調のハーバルな香りですが、乾燥することでまた違った香調になると考えられます。

とはいえ、乾燥葉はかさが減っているぶん多く使いがちです。特にタイムの乾燥葉は多少味覚に苦味が出るので、少量からの使用を心掛けたいものです。

② 干ししいたけのレンチオニン

乾燥の工程と、その後の調理で、好ましい香りが得られることもあります。日本人にはなじみ深い「干ししいたけ」です。

干ししいたけのだしの風味は、そうめんつゆなどにも合います。しいたけの独特の香り・風味を感じさせる硫黄化合物「レンチオニン」は、生しいたけを乾燥し、水戻しして使うことで多く生成されます。

---

column

世界のミックススパイス、ミックスハーブの活用

乾燥物は、粉末状にしやすい利点があります。そのため、ハーブやスパイスの香りを、乾燥粉末なら混ぜることが容易になります。世界のミックスハーブ、ミックススパイスをご紹介しましょう。

南仏のハーブをミックスした「**エルブ・ド・プロヴァンス**」（＝タイム、ローズマリー、セージ、マジョラム、ラベンダーなど）。フランス語で4つのスパイスを意味する「**キャトルエピス**」（＝白胡椒、ナツメグ、ジンジャー、クローブ、あるいはシナモンなど全部で4種）。インドにはヒンズー語で「辛いスパイスを混ぜあわせたもの」を意味する「**ガラムマサラ**」（＝クミン、コリアンダー、カルダモン、クローブ、シナモン、黒胡椒、ナツメグなど）。中国の「**五香粉**」（＝クローブ、シナモン、陳皮、花椒のほか、八角、フェンネルなど全部で5種）、日本の「**七味唐辛子**」（＝唐辛子、山椒、陳皮、ごま・芥子の実、麻の実、青のりなど7種）など。

どれも、ある程度スタンダードなレシピがありながら、地域や用途によりアレンジされ、受け継がれています。

Q「すりおろす」「すりつぶす」調理法で香りは変わるの？

にんにくやわさびなど、細胞が壊れることで香りが生じる食材があります。

植物が持つ強い香りは、生き抜くための化学戦略（⇒P32参照）。動物や昆虫から身を守るために合成した物質は、植物自身を傷つけることなく、うまく扱い、効率よく利用しなければなりません。

そのための工夫の一つが、シソ科のハーブたちのように、事前に生成して専用の香り袋に蓄えておくという方法でした（⇒P33参照）。ここでは、別種の植物がと行う、もう一つの方法をご紹介しましょう。それは、香りを事前に作らず、必要な時にその場で香りをつくるという方法です。「敵にかじられたその時に、強烈な香りをつくって撃退する」。植物の中には、このような香りの生合成のしくみを持ったものも多いのです。

すりおろす、すりつぶすことで香りが生きる食材は、このようなしくみをもった植物なのです。

① にんにくをすりおろす

強い香りの代名詞にもなるにんにく。独特の香りの中心的な物質は「アリシン（硫黄化合物）」です。

しかし、にんにくをそのまま置いておくだけではあまり強烈な香りはしません。にんにくの香りは、刻む、あるいはすりおろすなどの作業で細胞が壊された時、含硫アミノ酸のアリインに酵素アリイナーゼが働き、アリシンが生成することで、はじめて生じる香りなのです。細胞が物理的に壊されない限り、あの特有の香りは合成されません。おそらく、にんにくが土壌の中の昆虫や動物からの食害に備えて、身につけたしくみなのでしょう。

② わさびをすりおろす

和食の薬味としてポピュラーなわさび。近年では洋風懐石やフランス料理などでも使用されるようになりました。わさびの鼻にツンとくる特徴的な辛味・香りのもととなっているのは「アリルイソチオシアネート」。これもわさびの根茎自体には含まれていません。すりおろすことで、含まれるグルコシノレートに酵素が働き、生成されます。なお、生成されたばかりのアリルイソチオシアネートは、揮発性が高いため、すりおろした数分後が食べごろです。その後は、徐々に特有の香りが減ってしまうので注意して下さい。

わさびの刺激的な香気・辛味の成分は、からしや西洋わさびとも共通のものですが、日本の沢わさびの香りには、特有のフレッシュなグリーンノートが含まれていることが確認されています。

③「みどりの香り」の生成

外界からの刺激を受けて、その場で生成される植物の香りといえば、「みどりの香り」がよく知られています。

この香りの発見は、19世紀後半にドイツの研究者が、新緑の季節の木々の爽やかで青くさい香りを探索しはじめたことが発端でした。20世紀に入り、日本で宇治茶の生葉に含まれることが発見され、日本の研究者たちによって、みどりの香りの正体が明らかにされていきました。これは1種類の香り物質を指すのではなく、「青葉アルコール」をはじめとした炭素数6個で構造の似た8種類の物質が交じり合った香りを指します。ほぼ全ての被子植物が生成している香りです。

植物同士の情報交換や、葉が昆虫などから食害を受けた時の対応策として、植物は用途に応じて複数の香り分子をブレンドして、発散する「みどりの香り」の香りを変化させていると考えられています。「青葉アルコール」と「青葉アルデヒド」のブレンドは、人に鎮静作用を及ぼすという報告もあります。

④ 山椒の葉をすりつぶす

山椒の葉を太陽に透かして見たことがあるでしょうか。葉には小さな点がたくさん見られます。ミカン科の植物の葉の中には、香り分子を蓄えた「油点」があるのです。

山椒葉を料理に添える前に、手の平にはさみパンとたたきますが、それは葉の中の油点から香りを引き出すため。山椒の香りをしっかりと活用したい時は、葉をすりつぶしてみましょう。

「すりつぶす＝磨砕」の調理法には、一般に食材の組織や細胞を壊すことで口当たりをなめらかにし、他の液体や調味料と合わせやすくする、という利点があります。例えば、春の味覚「筍の木の芽和え」は、山椒の新芽をすりつぶしてから酢味噌と合わせます。酢味噌の味とともに山椒の香りを楽しむことができます。

山椒葉に関する研究で、知っておきたいものがあります。山椒葉に含まれる香り分子の種類のバランスは、成長過程で変化するというものです。

山椒葉には、針葉樹のような香りの「α-ピネン」やスパイシーな「ミルセン」、シトラス調の「リモネン」、清涼感のある「フェランドレン」「シトロネラール」などが含まれています。成長による葉の大きさの違い（小=2cm×1cm、中=3.5cm×2cm、大=6.5cm×3.5cm）で成分を比較すると、小さく若い葉の方が全体的に香り豊富なだけでなく、リモネンやミルセンなどの爽やかな香りの割合が多いことがわかりました。大きな葉ではα-ピネンやフェランドレンの割合が多く、樹木系の青葉のような香りが強くなります。

下記のレシピ「じゃがいものニョッキ」では、小さくやわらかな早春の「木の芽」ではなく、庭木から採集した中〜大サイズに成長した葉を使用しました。山椒の葉を磨砕によってなめらかにし、油脂分の多いソースと合わせると、グリーンな香調が独特のアクセントとなり、若葉とは違った山椒の香りの魅力が引き出されます 。

「すりつぶす」で香りを引き出すレシピ

じゃがいものニョッキ
葉山椒ジェノベーゼソース

葉山椒のペーストの材料(作りやすい量)
葉山椒 …… 10g
オリーブ油 …… 40㎖
塩 …… ひとつまみ

ニョッキの材料(4人分)
じゃがいも …… 300g(皮が付いたままゆでて皮をむき、つぶす)
卵 …… 1個
パルメザンチーズ …… 40g(すりおろす)
強力小麦粉 …… 140g
塩 …… 3g

バター …… 30g
松の実 …… 10g
にんにく …… 1かけ(みじん切りにする)
パルメザンチーズ …… 10g(すりおろす)
葉山椒のペースト …… 15g

作り方
1. 葉山椒のペーストの材料をすり鉢や石臼ですりつぶす。
2. ニョッキの材料を混ぜ、一口大に丸める。フォークを押し当て溝をつけゆでる。
3. フライパンにバター、松の実、にんにくを入れてきつね色になるまで加熱し、**2**を加えて和える。
4. 火を止め、パルメザンチーズと葉山椒のペースト15gを加えて仕上げる。

山椒とオイルを合わせたジェノベーゼソース。
グリーンの香りが独特な大人の味わいです。

2. 調理法と香り

加熱調理

　人類学者のなかには、人類の祖先は、食用のために150万年前から肉を焼いていたと考える人もいます。近年の研究では、さまざまな分野において、火を使った調理が人類の進化に大きな意味を持つと考えられるようになってきました。加熱調理により、食材は消化吸収のよいものに変わるだけでなく、生の状態とは全く異なった「香り」を放つようになります。

　本章では、加熱調理により変化する料理の香りについて、見ていきましょう。

香り分子って、
調理の途中で生まれる
こともあるのですね

実習テーマ

加熱によって生まれる香りがあった

焙煎でコーヒー香を感じよう

使うもの

コーヒーの生豆、小網(銀杏を煎るような底が平らなもの)、ドライヤー、ミル
※コーヒーの生豆は、コーヒー専門店(店舗や通販)で入手できます。

手 順

1. コーヒーの生豆を1個手にとり嗅いでみます。
生豆では、まだコーヒー特有の強い香りはありません。

2. コーヒーの生豆を小網にいれて火にかけます。
コンロの直火から10〜15cm離しゆすりながら焙煎します。
出来る限り、均一に加熱していきます。

3. 加熱開始から15分ほどで、パチパチと豆がはぜる音がし
始めます。開始から20分ほどで、加熱を終了します。

4. 余熱で焙煎が進んでしまうため、金ざるにあけて、ドライ
ヤーの冷風などで豆を常温に戻します。

5. 常温になったら、コーヒー豆の香りを嗅いでみましょう。
生豆とはちがう、香ばしい香りが感じられます。

6. 30分程度おいて、コーヒー豆を挽いてみましょう。

わかること

食材は加熱のプロセスを経て大きく香りが変化します。
コーヒー生豆の焙煎を行うと、加熱により生じる香りが実感できます。
また、挽いた直後は香り分子が揮発しやすくなり、より強い香りが感じられます。

Q 加熱調理をすると、香りは変わるの？

生の食材が持つ香り、加熱で新たに
生じる香り、両方の変化が起こります。

　加熱調理により、料理の香りはどのように変わるのでしょうか。「香り分子の移動」に着目しながら、香りの変化がどのように起こり、おいしさに繋がるのかを考えてみましょう。
　ここでは、「生鮮香気（生の食材が持つ香り）」と「加熱香気（加熱により生じる香り）」の二つの香りに注目です。

＜生鮮香気を生かす？ 抑える？＞

　食材にもともと備わった香りを「生鮮香気」と呼びます。野菜や果実、肉、魚、穀類、すべての食材には多かれ少なかれ「香り」があります。口に入れた時、これが「風味」として私たちに感じられますから、加熱調理で香りの変化があるにせよ、やはり食材の生鮮香気の質は、料理の仕上がりを大きく左右するといえます。おいしい料理はまず良い食材選びから、というのは、ここからも理解できます。
　しかし、生臭みや青くささなど、好ましくない生鮮香気があれば、それを減らすことが、料理のおいしさにつながる場合もあるでしょう。例え
ば、野菜がもっている青くささを加熱調理で揮散させ、食べやすくすることができます。
　反対に、加熱する料理であってもフレッシュな生鮮香気をできるだけ残したい場合があります。香り分子は揮発性ですから、香りを逃さない温度・時間の調整や調理器具の選択など、工夫を考えなければなりません。

＜香りのアウトプット＞

　次は、水分や油分などの液体に、食材が浸かっている場合の生鮮香気の動きを考えてみましょう。加熱するごとに、生鮮香気が周囲の液中に溶け出すことになります。よい香りを液中に移したい時には、この料理法は正しいでしょう。例えば、水（湯）で出汁をひく、肉やハーブでスープストックをとる、お茶をいれる、熱した油ににんにくを入れ香りを引き出す。これらは食材の香りを液中に取り出すことが望まれる場合です。
　反対に、野菜を茹でる時など、食材の生鮮香気を逃したくない場合は、加熱時間への配慮が必要です。

＜香りのインプット＞

　あるいは、メイン食材の周囲に、他の食材の香り分子がある場合、その分子がメイン食材に移っ

てくる場合もあります。例えば、醤油を使った漬け込み液にメイン食材をつけておくと、醤油の香りが食材に移ります。さらに、液体でなく固体から吸着される場合もあります。笹の葉や朴の葉など、植物の葉で米飯をくるみ、香りを移す郷土料理は世界中に見られますが、これは固体からメインの食材へと香り分子が移る例です。

　このように、調理のなかで、材料の持つ香り分子の移動が、常に行われていることを意識すると、香り・風味のよい仕上がりに近づけることができるでしょう。

　実際の調理では、このような生鮮香気の移動に加え、加熱によって生じる加熱香気の生成や移動が平行して起こってきます。

<加熱で生まれる香り>

　食材を加熱することにより、新たに生じる「香り」もあります。これは「加熱香気」と呼ばれます。生鮮香気とは異なり、食材そのものには含まれず、加熱することではじめて、食材の成分が変化し生成される香気です。

　加熱香気が生じる代表的な反応として、本節（⇒P46参照）でみるメイラード反応（アミノ酸と糖を加熱することで起こる反応）や、第3章「甘味料×香り」（⇒P107参照）でみるカラメル化反応（糖を加熱することでおこる反応）があります。オーブンやフライパンで調理するとき、香ばしい香りを感じることが多いですが、その多くがこの反応に関わっています。

<加熱香気の魅力>

　私たちはたいてい、このような反応で生まれた香ばしい香りが好きですが、それはなぜなのでしょうか。その理由として、「人は、香りを栄養源の二次情報として活用している」という説をとなえる研究者もいます[※]。栄養源となる糖が、人の味覚に「甘さ」を感じさせるように、味が栄養素の一次情報だというならば、香りはその二次情報だというのです。つまり、その香ばしい香りは、食材にアミノ酸や糖といった栄養源が含まれていることを意味しており、それが加熱調理され、消化のよい状態になっていることも示していると考えられるのです。

　私たちが、オーブンから漂う香ばしい香りに魅力を感じるのは、そんな理由もあるのかもしれません。人は大昔から現在にいたるまで、嗅覚を食物の探索に、存分に生かしてきたのでしょう。

※小林彰夫,久保田紀久枝「調理と加熱香気」調理科学 Vol.22No.3(1989)

香り分子たちの動き、ダイナミックですね…

玉ねぎを加熱して、香りの変化を感じてみよう

**メイラード反応で生じる香ばしさ。
生玉ねぎにはない、おいしい香りです。**

　日常の加熱調理の中で、新しい香気の生成を実感しやすいのは、玉ねぎを炒める作業でしょう。カレーやオニオングラタンスープなどを作る時、スライス、あるいはみじん切りした玉ねぎをまずはじっくりと炒めます。徐々に玉ねぎの質感が変わり、褐色に変化していくこの変化は「メイラード反応（⇒P46参照）」だと考えられています。色に加え、香り・味も大きく変わっていきます。

　炒め玉ねぎの香りの変化について調べた実験があります。最初の5分は250℃の強火、その後は170℃にして、5分ごとに最大70分まで炒め続けて様子をみるという実験でした。パネラーが評価したところ、加熱後20分までは「玉ねぎ臭」が感じられました。生玉ねぎの特徴は、ジプロピルジスルフィドで、これは長ネギなどにも含まれる刺激的なネギ臭です。その後、30〜35分で「甘い香り」、40〜45分で「香ばしさ」、55分以上で「焦げ臭」が感じられたという結果が報告されています。おいしそうな香りと評されたのは40〜45分のものでした。

　キャベツの場合も、生鮮香気を生かしたサラダと、加熱した炒めものでは、香り・風味に差があることが実感できます。キャベツは生では「みどりの香り（⇒P37参照）」に属する、青葉のような香りがしますが、炒めたものではこの香りはごく少なく、甘くロースト感のある香りとなります。

「炒める」で香りを作るレシピ

（作ってみよう）

キャラメルオニオンと
ヤギチーズのサラダピザ

材料(4人分)
ピザ生地(市販品) …… 4枚
玉ねぎ …… 3個分(スライスする)
塩 …… 小さじ1
グリーンオリーブ …… 16粒(種を取り除く)
フレッシュシェーブルチーズ …… 120g
ルッコラ …… 適量
くるみ(ローストしたもの) …… 適量
オリーブ油 …… 大さじ4

作り方
1. フライパンに玉ねぎ、オリーブ油大さじ2、塩を入れ、飴色になるまで中火でじっくり炒める。
2. ピザ生地に1を広げ、220℃のオーブンで約15分焼く。
3. 皿に盛り、グリーンオリーブ、フレッシュシェーブルチーズ、ルッコラ、くるみをのせ、オリーブ油大さじ2をかける。

玉ねぎは飴色になるまで炒めて、じゅうぶんに香ばしさを
引き出して。トッピングで食感も楽しめます。

Q なぜ、加熱で香りが生まれるの？

**加熱により、メイラード反応や
カラメル化反応が起こっています。**

　炒める、焼く、煮るなどの加熱調理で、香ば
しさが生まれ、新たな風味が生じることがありま
す。これには、メイラード反応やカラメル化反応
（⇒P107参照）による香りの生成が関わっています。

＜メイラード反応とは＞

　メイラード反応は、糖とアミノ化合物の化学反
応で、1912年にフランスの科学者Maillard（メイ
ヤール／メイラード）により報告されたことから
名づけられました。肉や魚をフライパンで焼く時、
あるいはパンをトースターで加熱する時、食材が
褐色に色づいて芳ばしい香りが漂います。これら
にはすべてメイラード反応が関わっています。

＜原料・温度により、多様な香りが生じる＞

　ひとくちにメイラード反応といっても、食材に
含まれるアミノ酸や糖の種類、また加熱時の温度
により、生じる香り分子の種類は異なっています。
例えば、アミノ酸の一種「ロイシン」と糖の反応
の場合、100℃の加熱時には甘いチョコレート様
の香りが生まれますし、180℃の加熱時には焼い
たチーズのような香りが生まれます。またアミノ
酸「バリン」では、100℃でライ麦パンのような
香りが生まれ、180℃で刺激性の高いチョコレー
トのような香りが生まれます。　食品に含まれる
アミノ酸は、実際には単一ではなく、色々な種類
が含まれるため、加熱した時に生まれる香りには
幅があることになります。その複雑な香りが、焼
きたてのおいしさをつくるのです。

＜醤油や味噌も＞

　メイラード反応は高温で起こりやすいですが、
低温でも時間をかけて起こることもあります。例
えば和食の代表的な調味料である醤油や味噌。褐
色変化や香りの生成には、熟成中のメイラード反
応が関わっています。またこれらの醤油や味噌を
調理に使用した場合、その料理はメイラード反応
を起こしやすくなるといわれます。

＜香りの働き＞

　メイラード反応によって生じる香りは、食品の
おいしさ、コクの感じ方にまで関与していること
を示す研究もあります。　また、近年の研究で興
味深いものに、メイラード反応で生じた香りが、
私たちの身体の自律神経系に作用することを示し
たものがあります。副交感神経を優位にし、不安
や緊張などの気分を緩和し、リラックスさせる可
能性が示されています。

　火を囲んで集うバーベキューで、参加者の皆が
リラックスし、和やかな雰囲気が作られるのには、
加熱香気の影響もあるのかもしれません。

ひとくちに
メイラード反応と
いっても、色々な香りが
生じているのですね

Q コーヒー豆やほうじ茶、なぜよい香りなの？

焙煎することで成分が変化し、おいしさに欠かせない香りが生まれます。

<焙煎とは>

「焙煎（Roast）」は、油脂などをひかずに食材を乾煎りする加熱の方法で、水分を減らして食感を変えるほか、加熱により新たな風味を生成させる目的で行われることが多い調理法です。例えば、コーヒーやほうじ茶のおいしさをつくる上で焙煎工程で生じる香りは大きな役割を担っています。

<コーヒーの香の変化>

コーヒーは、気候・立地条件の合う各地で栽培されている世界三大嗜好飲料の一つです。複雑な香り・風味が魅力で、すでに800種以上の香りの分子がコーヒーの中に見つかっています。

原料生豆の品種や産地ごとの成分比の違いは明らかですが、焙煎前は、まだいずれの名産地の生豆も「コーヒーの香り」はしないのです。体感実習④（⇒P41参照）を試した方には、そのことが理解いただけるでしょう。焙煎を行うことで、生豆の中の脂質、糖質、タンパク質、クロロゲン酸、カフェイン、トリゴネリンなどが変化し、香りの特徴が決定づけられます。

浅煎りの段階では、酢酸などが生成され爽やかな風味ですが、煎りが深まるにつれ、前頁でみた

メイラード反応によるフラン類の甘い香りが増え、さらにフェノール類のスモーキーな香り、ピラジン類の焙煎香（香ばしいやや焦げたような香り）などが、深みのある風味を作ります。同じ条件の生豆でも、焙煎の加減で香りの差は大きくなるのです。

<棒茶の香りの変化>

ほうじ茶も、焙煎香を楽しむ飲料でしょう。コーヒーと同様に、ピラジン類やフラン類などの香気成分が含まれています。

ほうじ茶の中でも、石川県金沢市が発祥とされる「棒茶」は、香りがよい茶として県内を中心に愛されています。これは一般のほうじ茶の様に葉を使うのではなく、茎を焙じて作られることが最大の特徴です。

棒茶の香りを調べた報告によると、香り高さの秘密は、この茎の利用にあるといいます。葉と茎のアミノ酸量を比較すると、茎は葉の1.5倍。その分、メイラード反応が進み、多くのピラジン類が生成すると考えられるのです。香ばしさが際立つ「棒茶」の秘密は、アミノ酸だったのです。さらに棒茶には、ゲラニオールやリナロールなどの花のような香調も含まれています。しっかりとした焙煎香と花調の香りのバランスが、棒茶の香りの魅力を作っているのです。

ブドウ糖と各アミノ酸を100℃で加熱した時に生じる香り

アミノ酸の種類	香りの傾向
グルタミン	チョコレートのような
グリシン	カラメルのような
アラニン	ビールのような
セリン	メープルシロップのような
メチオニン	ポテトのような
プロリン	コーンのような

ブドウ糖と各アミノ酸を100℃で加熱すると、それぞれこのような香りが生じる。食材には数多くの種類のアミノ酸が含まれているので、香りは複雑になる。
※出所「メイラード反応とフレーバーの生成」を基に著者作成

Q なぜ燻すと香りが変わるの？

香りのある植物を燃やした煙には、
香り分子も含まれているのです。

「パフューム」、今では香水を連想するこの言葉。語源は「煙を通して」という意味のラテン語にさかのぼれます。樹木の枝葉や樹脂に含まれた香り分子は、焚かれると煙の一部となって立ちのぼりました。古来人々は、このような香り豊かな煙の不思議な力を感じ、宗教儀式や病気のケアに用いてきたのです。現代でいう鎮静作用や抗菌作用を、植物の「煙」に見出していたと考えられます。

煙を使って「燻す」という加熱調理法は、もともと生鮮食品の保存性を高めるために始められました。燻煙をつくるために木材（チップなど）が使われますが、各種の木材の香りは仕上がりに大きく影響します。桜の木はやや強いよい香りで、脂身のある食材に。りんごの木ではやさしい甘い香りが、魚など淡泊な食材と合うでしょう。胡桃やナラの木は、香りが柔らかく様々な食材に利用できます。

木材(燻材)から出る煙には、有機酸やフェノール類、カルボニル化合物などが含まれています。これで食材を燻せば、スモーキーな風味がつき、防腐効果も期待できます。

しかし最近では、燻す調理法は、保存性というより嗜好性が重視され、フレーバーや食感を楽しむ目的が大きいようです。ここで紹介する魚介の炭火焼きでも、松葉の香りを楽しむ目的で、植物の葉を加熱調理に取り入れています。

「燻す」で香りをつけるレシピ

作ってみよう

魚介の若松葉スモーク

材料(2人分)

ほたて貝柱 …… 2個
有頭えび …… 2本(背わたを取り除く)
イカの一夜干し …… 1枚(切り込みを入れる)
塩 …… 適量
炭 …… 適量
若松葉 …… 適量

作り方

1. ほたて貝柱、有頭えび、イカの一夜干しに塩をふる。火をつけた炭をグリルに並べ、片面を焼いたら、ひっくり返す。
2. 1の炭の上に松葉をのせ、ふたをする。火が通れば出来上がり。

※松葉に炎が移らないよう注意。

若松葉の香りが魚介を包み込み、生臭みを煙でカバー。
バーベキューなどにおすすめの一品。

3. 香りの抽出法

油脂✕香り

　油脂は、食材にコクや滑らかさを添え、高温での加熱を可能にするなどの機能から、料理に役立てられる素材ですが、香り・風味の面でもおいしさに役立ちます。

　まず、油脂そのものが持つ香りの特徴が、料理に風味を加えます。

　さらに、油脂は他の食材の「香りを溶かす溶媒」としても古くからから利用されてきました。これは、香り分子に親油性（疎水性）の性質を持つものが多いためです。

　本章では、油脂の利用に関わる「香り」について見ていきましょう。

オリーブオイルにごま油……
それぞれ香りはありますが、
ハーブの香りを溶かせるのも、
油脂の仲間の強みです

香りは油脂に溶けやすい

ガーリックオイルを作ってみよう

使うもの

オリーブ油　100ml
にんにく　1片（半分に切る）

∨
∨

手 順

1. 密閉瓶にオリーブ油を100ml入れます。

2. そこに、1片のにんにくを入れます。

3. 1週間おいてから、中のにんにくを取り出しましょう。

4. オリーブ油の香りを嗅いでみます。

∨
∨

わかること

にんにくの香りが移っているのがわかります。
食材に含まれる香り分子の多くは「親油性」。油脂によく溶ける性質があるのです。

★「植物油の香り」×「ハーブ、スパイスの香り」。様々な風味のオイルを創作してみませんか。

◯ 香りは、油に溶けやすいって本当？

**食物の香り分子の多くは「親油性」。
水より油脂に溶けやすいのです。**

植物油には、それぞれ原料由来の香りの個性がありますが、他の食材の香りを移し取ることにも利用できます。それは、油脂の仲間に、香り分子を溶かし込む性質があるから。

食物の香り分子には、油に溶けやすい親油性（脂溶性）の性質を持つものが多くみられます。反対に、親水性（水に溶けやすい）の香り分子は少ないのです。ハーブやスパイス、調味料などの香りを本体から引き出し、保存し、料理に活用するには、植物油は便利な素材なのです。

油がどれほどの香り分子を保存するか、調べた実験があるのでご紹介しましょう。にんにくの香りを構成する香り分子「アリシン」の例からはじめます。

＜にんにくの香り実験＞

すりつぶしたにんにくを水に入れて、10分加熱した場合、アリシンは液中から検出されません。きっと10分の間に、空気中に揮散してしまったのでしょう。しかし、10〜15％の油脂を入れて加熱した場合には、60分間沸騰させた後でもかなりのアリシンが液中に残存していました。そして油脂の量が多ければ多いほど、残存量も高い傾向があったのです。アリシンが油脂に溶けたことで、空気との接触から守られたと考えられます。

＜シーズニングオイル＞

油脂が香りを溶かし、保存する性質を生かした調味料があります。「シーズニングオイル」です。熱した油脂に、香りのある食材を投入し、その香り分子を抽出して作ります。

辣油（ラー油）は、よく知られるシーズニングオイルの一つですね。辣油は、熱した菜種油に、唐辛子や長ねぎ、しょうがなどの香りを浸出させ

て作られます。または、常温の油に素材を漬け込み、日数をおいて、浸出する方法もあります。

＜油脂でジャスミンの香りをとる＞

食分野から話題がそれますが、香り分子の親油性の性質は、香料をとる技術のなかでも利用されてきた歴史があります。

かつては、ジャスミンの花から香料を取るために、牛脂や豚脂などの動物性油脂が使われていました。油脂をガラス板に薄く伸ばし、そこに花を並べてしばらくおくと、油脂に香り分子が移ってきます。花を何度も取り換えながら、香りを多く含んだ油脂を作り、それを処理して香料を得る。以前は、こうした大変手間のかかる方法で貴重な香料を得ていたのです。

油に
溶けやすい香りの性質、
色々なところで
生かされてきたのですね

Q オリーブ油そのものにも、よい香りがありますよね？

植物油そのものの香りも大切。
料理の風味に大きく関わります。

　植物から得た油には、原料由来のほのかな香りがあり、これも料理の仕上がりに関わります。油脂としての用途のほかに、風味づくりの役割も果たしているわけです。

　植物油の香りが、特定の食文化圏の料理に、特徴や価値を与えている例として、オリーブ油を見てみましょう。

<「風味の原理」とオリーブ油>

　オリーブ油は、地中海沿岸諸国の郷土料理には欠かせない植物油です。国際的なフードジャーナリスト、エリザベス・ロジンの著書『Ethnic Cuisine』にある「Flavor　Principles（風味の原理）」を見ても、オリーブ油は、各種ハーブやスパイスに交じって、風味の作り手として記載されています。

　この「風味の原理」では、面白いことに、各国の料理の特徴や独自性は、いくつかの風味の要素を組み合わせて作られる、とされています。交じり合ったその風味こそが、その食文化圏の象徴的な価値、文化的な目印となると、考えられているのです。

　例えば「魚醤×レモン」という香りの交じり合いはベトナム料理特有の風味。「にんにく×クミン×ミント」は北アフリカ料理特有の風味。ちなみに、日本料理の独特の風味をつくるものは「しょうゆ×日本酒×砂糖」であると記載されています。

　オリーブ油は、「風味の原理」で、ヨーロッパの複数の食文化圏の風味づくりを担っています。下記に、それらの食文化圏をまとめました。ギリシア、イタリア、フランス、スペイン。オリーブ油の有数の生産地を持つ国に住む人々にとっては、この植物油は料理に欠かせない故郷の風味となっているのでしょう。

エリザベス・ロジンの"風味の原理"　～オリーブ油が欠かせない食文化圏～

風味の組み合わせ	食文化圏
オリーブ油 × にんにく ×（パセリ or ／ and アンチョビ）	南イタリア料理の風味 南フランス料理の風味
オリーブ油 × にんにく×バジル	イタリア料理の風味 フランス料理の風味
オリーブ油 × タイム×ローズマリー × マージョラム×セージ	プロヴァンス料理の風味
オリーブ油 × にんにく × ナッツ	スペイン料理の風味
オリーブ油 × 玉ねぎ×こしょう ×トマト	スペイン料理の風味
オリーブ油 × レモン × オレガノ	ギリシア料理の風味

オリーブ油の風味は、これらの食文化圏の特徴や独自性を支える大切な要素といえる。

Q なぜ、油分はおいしいの？

味わいを強めてくれますし、生理的
にも求める熱量の大きい素材です。

油脂を多く含んだ種子や果実は、私たちの遠い
祖先にとっても貴重な栄養源でした。くるみやア
ーモンド、カボチャの種、オリーブやアボカドの
果実などを圧搾して得た植物性油は、熱量（kcal
／カロリー）の大きい食材として大切に使われて
きました。

＜油脂を感じる受容体＞
料理に油脂を添加すると、味わいが増しますが、
実は純粋な油脂は無味無臭。これまで油脂は、口
内での味覚には、テクスチャーとして感じるだけ
だ、と考えられてきました。しかし近年では、無
味とはいっても、人の口のなかには、油脂の存在
を感じとる受容体があることがわかってきたので

す。

考えてみれば、人の「生理的な要求」とおいし
さの感じ方に関係があるのなら、カロリーの大き
な素材に対し敏感なのは、生物としては当然のこ
となのかもしれません。

＜油脂による「やみつき」形成＞
さらに、ダイエット中の方には困った問題です
が、油脂には「人や動物をやみつきにさせるよう
な魅力がある」という報告があります。油脂を摂
取することを覚えた動物は、しだいに強い摂食意
欲に囚われるようになってしまったそうです。
生理的な要求というより、「もっと摂りたい」と
いう執着のような反応が形成されてしまうとは、
少し怖いですね。

人にとって大きな魅力を持つ油脂。摂りすぎに
は十分注意しながら、上手に料理に取り入れてい
きましょう。

Q 植物油の選び方、チェックポイントは？

まずは「脂肪酸」の種類をチェック。
ビタミンや香り分子など微量成分も。

オリーブ油、ごま油、サフラワー油。各種の植
物油が市販されていますが、どのように選べばよ
いのでしょうか。違いはどこにあるのでしょうか。
料理を始める前に、少し確認しておきましょう。

＜脂肪酸の種類＞
はじめのチェックポイントは「脂肪酸」の種類。
植物油の多くは、「トリグリセリド」と呼ばれる
分子で構成されています。これは「グリセリン」
と「3つの脂肪酸」が結合したものです。グリセ

リンは共通していますが、脂肪酸にはさまざまな
種類があります。そのため、各植物油の個性を探
るには、まずこの脂肪酸の種類に着目すると良い
のです。脂肪酸は、種類によって身体の中での働
きが異なり、また加熱による酸化のしやすさも異
なるからです。

＜香り分子など微量成分＞
チェックポイントの二つ目は、含まれる微量成
分の違いです。香り分子や色素、ビタミン類など
の微量成分が、各植物の香り立ちや色みなどの特
徴を決めます。料理では、栄養学上の利点だけで
なく色や香りも大切な要素。各植物油の個性をと
らえ、生かしていきましょう。

Q 酸化臭が出にくい植物油はありますか？

一価の「脂肪酸」が多い植物油を選んでみてください。

植物油を利用する時に気をつけたいのが、酸化と匂いの変化の問題。油は、長時間の貯蔵や加熱調理により、酸化が進み、特有の臭さがでます。酸化した油は、料理の味わいを損なうだけでなく、健康面にも悪影響があるので、注意が必要です。酸化を防ぐため、購入後は冷暗所に置いて、早目に使い切るようにしましょう。

また、植物油を選ぶ時、酸化しやすい油、酸化しにくい油を区別し、使い分けることも大切です。植物油の酸化について知るため、少し詳しく油脂の構成を考えてみましょう。

<油脂の構成>

植物油は、「グリセリン」と3つの「脂肪酸」が結合したトリグリセリドの分子で構成されています。この脂肪酸の種類に着目すると、酸化しやすさがわかります。脂肪酸の種類の分類を（表1）に示しました。

脂肪酸は、飽和脂肪酸、不飽和脂肪酸（一価・二価・三価）に分類されます。これらを区別するのは、「二重結合」の数。脂肪酸の分子は、炭素(C)が鎖状につながった形をしているのですが、炭素と炭素の結合部分が「二重結合」になっていると、その部分は酸素と結びつきやすくなると考えられているのです。

二重結合が0か所の脂肪酸は、飽和脂肪酸。これは酸化しにくい安定した脂肪酸といえます。二重結合が1か所であれば、一価の不飽和脂肪酸。二重結合が2か所なら二価の不飽和脂肪酸と、価数が増えるほど、酸化しやすい脂肪酸と考えられます。

しかし、油脂のなかでも植物油の仲間を見ると、飽和脂肪酸を多く含むものは少ないのです。そのため、植物油を選ぶ時、現実的には一価の不飽和脂肪酸を多く含むものを、酸化しにくいオイルと考えるとよいでしょう（なおココナツ油は、植物油ですが飽和脂肪酸を多く含む油脂です）。

一価の不飽和脂肪酸には、オレイン酸やパルミトオレイン酸を含むのは、オリーブ油や椿油。これらは比較的酸化しにくく、加熱調理にも使いやすい植物油なのです。

<必須脂肪酸と酸化>

また、二価の不飽和脂肪酸にリノール酸、三価の不飽和脂肪酸にα-リノレン酸があります。これらは一価に比較し、酸化しやすい脂肪酸です。例えば、サフラワー油は、リノール酸を多く含み、また荏胡麻油はα-リノレン酸を多く含むので、低温での調理に生かして、早目に使い切るよう心掛けた方がよいでしょう。

ただこれらの脂肪酸は、人体のなかで作ることができない脂肪酸であるため、必要量を食品から摂らねばなりません。栄養学では「必須脂肪酸」と呼ばれています。

表1 植物性油脂に含まれる脂肪酸の例

飽和脂肪酸	一価　不飽和脂肪酸	二価　不飽和脂肪酸	三価　不飽和脂肪酸
カプリル酸 パルミチン酸 ステアリン酸	オレイン酸 パルミトオレイン酸	リノール酸	α-リノレン酸 γ-リノレン酸

含まれる脂肪酸の種類をみると、各植物油の個性がわかる。飽和脂肪酸や一価の不飽和脂肪酸は、酸化しにくい。

オリーブ油を使ってみよう

地中海地域の食文化に欠かせない植物
油。産地により香りの特徴に違いが…。

　モクセイ科の植物であるオリーブの樹の栽培
は、6000年前から行われていたと考えられていま
す。果実から油を搾る圧搾機を描いた最古ものは、
紀元前2500年のエジプトにまで遡ります。　食材
以外にも、薬用、化粧用、儀礼用、燃料として古
くから利用されてきました。

　オレイン酸が豊富（75％程度）で、クロロフィ
ルを含み、黄緑色から薄緑色のオイルです。生産
は、スペイン、ギリシア、イタリアをはじめ地中
海沿岸の国々が中心で、産地により香りの特徴に
差があります。テイスティングして、相性のよい
食材を選ぶとよいでしょう。国際オリーブ協会で
は、オイルの品質を酸度などの基準で厳密に分類
しており、風味を「fruity（果実の成熟度）」「bitter
（苦味）」「pungent（辛み）」の点から評価してい
ます。

<香りのアレンジ>
地中海沿岸・南仏プロヴァンスの象徴ともいえる二
つの香り、オリーブ油とラベンダーを合わせてみま
しょう。また、良質なオリーブ油の揮発成分には「み
どりの香り」（⇒P37参照）の一部も含まれています。
茶のもつ清々しい香気ともよくなじみます。

Recipie 1
南仏風　ラベンダー＆オリーブ油

材料／オリーブ油 250mℓ、ラベンダー 5～10本
作り方／ラベンダーの花と茎を瓶に入れ、オリーブ油を注
ぐ。2週間ほど冷暗所に置く。仔羊などの肉料理に。

※ラベンダーがオイルに完全に浸らないとカビが生えるので注意。

Recipie 2
抹茶＆オリーブ油ソース

材料／オリーブ油大さじ3、抹茶パウダー小さじ3、レモ
ン汁小さじ4、塩適量
作り方／オリーブ油、パウダー、レモン汁をミキサーにか
ける。塩で味をととのえる。魚のソテーなどの魚介料理に。

「オリーブ油」を使って香りを引き出すレシピ

作って
みよう

羊のロースト

材料（2人分）

仔羊のロース肉（骨付き）…… 4本分
塩……小さじ1
黒こしょう …… 少々
オリーブ油　大さじ2
鶏だし …… 300mℓ
塩 …… 適量
とうもろこし …… 1/2本（ゆでてグリルする。
芯から包丁で外す）
伏見唐辛子 …… 2本（グリルする）
ラベンダーオイル（上記参照）…… 適量

マッシュポテトの材料

じゃがいも …… 240g（皮をむいて一口大に切る）
牛乳 …… 200mℓ
バター …… 15g
塩 …… 適量

作り方

1. マッシュポテトを作る。じゃがいもを塩ゆで
し、お湯を捨て、牛乳とバターを加えて一煮立ち
させる。フードプロセッサーにかけ、塩で味をと
とのえる。
2. 羊肉に塩とこしょうをふり、オリーブ油を入
れたフライパンに脂身を下にして置き、熱する。
熱いオリーブ油をまわしかけながら焼く。網の上
に取り出しアルミホイルをかけておく。
3. ソースを作る。フライパンの油を取り除き、
鶏だしを加え、煮詰めて塩で味をととのえる。
　4. 2の羊肉を半分に切り、皿に盛る。マッシュ
ポテト、とうもろこし、伏見唐辛子、ソースの順
に盛りつけ、仕上げにラベンダーオイルをかける。

羊肉は素材を活かしシンプルに調理します。
仕上げは、清々しい香りのラベンダーオイルでアクセントを。

アボカド油

クスノキ科の常緑樹アボカドは、中南米で古くから利用されてきた植物です。考古学的発掘によると、紀元前7800年にはすでにアステカ人が栽培していたとされ、15世紀、スペイン人によりヨーロッパに導入されました。脂肪分やタンパク質に富む果実は「森のバター」と呼ばれます。

果肉から搾られるアボカド油は、メキシコやドミニカ、ペルーなど中南米で多く生産されています。ニュージーランド産にも良質のものが見られます。

アボカド油は果肉から冷間圧搾で得られ、オレイン酸を多く含みます（70％程度）。またビタミンE、ビタミンAなどに富むことで知られます。調理では、野生動物の肉など脂の少ない肉の味を引き立てる油といわれています。

＜香りのアレンジ＞
アボカドの故郷・中米メキシコは、ライムの生産国でもあります。まろやかで濃厚なアボカド油に、ライムで適度なアクセントを加えてみましょう。またアボカド油は、パクチーの香りの個性とも相性がよいです。

Recipie 1
ライム＆アボカド油
材料／アボカド油 250ml、ライム1個
作り方／8等分のくし切りライムを瓶に入れ、オイルを注ぎ、2週間ほど浸出して、ライムを取り出す。★塩で調味してスライストマトに。

Recipie 2
パクチー＆アボカド油
材料／アボカド油 250ml、パクチー全草2本、にんにく1片、唐辛子3〜4個
作り方／1cmに刻んだパクチーとにんにく、唐辛子にアボカド油を注ぐ。翌日から使える。★レモン汁と合わせて魚介や野菜のサラダに。

マカデミアナッツ油

ヤマモガシ科の常緑樹マカデミアは、オーストラリア原産の植物で、クイーンズランド州南部、ニューサウスウェールズ州北部に自生しています。先住民のアボリジニはこの樹のナッツ（石果）を貴重な食糧とし、贈り物や部族間の取り引きにも用いていました。19世紀中頃、ヨーロッパ人に発見され、その後19世紀後半にはサトウキビの防風林としてハワイに紹介されます。現在では、オーストラリアとハワイが主要な生産地となっています。

マカアデミアナッツから得た油の主要な脂肪酸はオレイン酸（60％程度）ですが、その他に一価の不飽和脂肪酸で人間の皮脂成分にも共通するパルミトオレイン酸が20％程度含まれます。味わいは淡泊で、未精製のものは甘味のあるやわらかな香りを持ちます。

＜香りのアレンジ＞
マカデミアと同じオーストラリア原産のレモンマートルは、レモンのような香りのハーブ。またアボリジニに古くから食されたワトルシードは、コーヒーやチョコレートのような香りが魅力のスパイスです。ともにマカデミアナッツ油の甘味のあるやわらかな香りと相性がよいです。

Recipie 1
レモンマートル＆マカデミアナッツ油
材料／マカデミアナッツ油 100ml、レモンマートル（ドライ）大さじ1
作り方／レモンマートルを瓶に入れ、マカデミアナッツ油を注ぐ。1週間ほど冷暗所に置く。★肉や魚のマリネに。

Recipie 2
ワトルシード＆マカデミアナッツ油
材料／マカデミアナッツ油 30ml、ワトルシード 5g
作り方／瓶にワトルシードを入れ、マカデミアナッツ油を注ぐ。1週間ほど冷暗所に置く。★スコーンや菓子作りに。

ごま油

ゴマ科の一年生草本・胡麻の栽培は、紀元前3000年以前にアフリカのサバンナ農耕文化の中で始まったと考えられています。その種子は四大古代文明で貴重な食品とされ、世界中に伝播しました。現在の主要な生産国は、ミャンマー、中国、インド、アフリカ諸国となっています。

種子から得られる油には2タイプがあり、「太白ごま油」（乾燥した種子を煎らずに搾る。ほぼ無色透明で香りは少ない）と「焙煎ごま油」（種子を焙煎してから搾る。色は褐色で芳しい香り）が市販されており、用途により使い分けるとよいでしょう。

生の種子そのものは香りが弱く、焙煎により独特の芳ばしい香りが作られるのです。リノール酸とオレイン酸をバランスよく多く含む油で、抗酸化物質を含むため、保存性に優れています。

＜香りのアレンジ＞

ごま油にじっくりと香りを移したねぎ油は、炒め物や和え物、トッピングなど幅広く利用することができます。

Recipie 1
ねぎ油

材料／太白ごま油200mℓ、長ねぎ1本、しょうが1片
作り方／1cmに切った長ねぎとスライスしたしょうがを鍋に入れ、ごま油を注ぎ、130〜150℃に保ちながら加熱。ねぎがきつね色になるまで20分ほど揚げる。冷めたら濾して保存瓶に移す。

ごま油のうがいで味覚を向上

インドの伝承医学アーユルヴェーダでは、口内を健康にし、味覚をよくするために、毎日の習慣に太白油を使ったうがいを勧めている。口がいっぱいになる量の2/3程度の太白油を口に含み、15分間時々ブクブクと口を動かす。終わったら白湯で口をゆすぐ。

パンプキンシード油

ウリ科のカボチャはアメリカ大陸の原産で、8000年以上も前から栽培されていたと考えられています。現在では世界中で栽培されており、果肉部分だけでなく、ビタミンとミネラルが豊富な種子も食用されています。

ペポカボチャの種子を圧搾して得られる濃緑色のパンプキンシード油には、濃厚で甘味を感じさせる香りがあります。多価の不飽和脂肪酸であるリノール酸、α-リノレン酸を多く含み、酸化しやすいため、開封後は冷蔵庫で保存し早めに使いきるようにしましょう。加熱せずに、そのままスープに入れたりやサラダにかけるのに適しています。

ヨーロッパではポピュラーな油で、特にオーストリアのシュタイヤマルクは、名産地として知られています。

＜香りのアレンジ＞

深みのある色とコクのある味、甘い香りが特徴の油は、アイスクリームなどのスイーツにもそのままかけられます。バルサミコ酢とも相性が良いです。

Recipie 1
シナモン＆パンプキンシード油

材料／パンプキンシード油100mℓ、シナモンスティック1本
作り方／シナモンスティックを割って瓶に入れ、オイルを注ぐ。2週間ほど冷暗所に置く。シナモンを取り出す。★アイスクリームや、はちみつと一緒にヨーグルトにかけて。

Recipie 2
ブラックペパー＆パンプキンシード油

材料／パンプキンシード油100mlmℓ、黒こしょう5〜10粒
作り方／黒こしょうを瓶に入れ、パンプキンシード油を注ぐ。2週間ほど冷暗所に置く。ブラックペパーを取り出す。★バルサミコ酢、塩と合わせてドレッシングに。

椿油を使ってみよう

椿の実から採る日本産オイル。
酸化しにくく、揚げ油に最適。

ツバキ科の常緑樹ヤブツバキは日本原産で、本州から四国、九州に広く自生しており、弥生時代中期の遺跡からすでに実の中の核が出土しています。平安時代初期には、椿油が九州・山陰各地から税として貢納されていましたが、この時期に料理用油に使われた記録は見つかっていません。灯火用、さび止め、頭髪ケアの用途だったようです。

江戸時代になると、貝原益軒の『大和本草』のなかに「好事家が椿の実から油をとり、いろいろな食品を煎じて食べている」という記載が見られます。徐々に揚げ物料理が多様になるなか、江戸後期では天ぷらも流行し始めました。椿油を揚げ油に使った貴重な天ぷらを「金ぷら」と呼んでいたともいわれます。椿の種子を圧搾して得られる油は、オレイン酸が85％以上含まれ、酸化しにくく、植物油の中では加熱に適した油といえます。

＜香りのアレンジ＞

椿油の生産量が全国一といわれる伊豆諸島の利島。郷土食材のあしたばの香りと合わせてみましょう。あしたばは伊豆七島から紀伊半島にかけ分布するセリ科のハーブで、カルコン類・クマリン類が特徴。様々な生理活性作用があることも知られています。

Recipie 1

あしたば×椿油

材料／椿油 100㎖、あしたば 30g、にんにく 1かけ

作り方／あしたばとにんにくをみじん切りにする。瓶に入れ、椿油を注ぐ。数日間冷暗所に置く。★酢・塩と合わせてドレッシングに。

五島列島の「かたし」

長崎県五島列島も椿油の名産地として知られる。当地では椿の実が「かたし」と呼ばれ、ハレの日には、かたしの油で天ぷらや厚揚げをたっぷり作るという。また「五島手延べうどん」作りでも、生地を細くのばす際にもかたしの油が欠かせない。

「椿油」を使って香りを引き出すレシピ

作ってみよう

えびのベニエ

材料(4人分)

有頭えび …… 12本
塩 …… 少々
薄力小麦粉 …… 適量

衣の材料

薄力小麦粉 …… 50g
ビール …… 50㎖
卵 …… 1個
塩 …… 小さじ1/3

椿油(カメリア油) …… 適量

作り方

1. えびの背わたを取り除き、頭を取る。尻尾の先を残して殻をむき、串に刺す。
2. 卵をよく溶きほぐし、残りの衣の材料を軽く混ぜ合わせる。
3. えびに塩をふり、薄力小麦粉をまぶし、衣をつけて180℃の油で揚げる。頭は素揚げにして塩をふる。

椿油を贅沢に使った、風味抜群の天ぷらはまさに"金ぷら"。
酸化しづらく、繊細な香りが楽しめます。

3. 香りの抽出法

酒 ✕ 香り

　人々が酒の原料としたのは、それぞれの地域で身近だった果実やはちみつ、穀物。原料の香りが生かされた醸造酒は、食文化を豊かにしました。さらに人々は蒸留の技術を磨き、アルコール濃度を高めた蒸留酒を手にします。

　アルコールは香り分子を溶かす性質をもつため、人々は酒類にハーブやフルーツを漬け込み、香りを移して飲用するようにもなりました。香り分子のなかには健康増進に役立つ作用を持つものが多く、酒類は歴史的に薬酒や香粧品のベースとしても用いられてきた面も持ちます。

　本章では、香りゆたかな食卓のために、酒類を利用する方法について見ていきましょう。

世界各地で
蒸留酒に植物の香りを移して
利用されてきたのですね

体感実習⑥

香りはアルコールに溶けやすい

蒸留酒に抽出される「ミント香」を感じよう

 使うもの

密閉できる瓶
ウォッカ　100ml
生のミント　2〜3枝
※ペパーミントやスペアミントなど

 手順

1. 密閉瓶にミントをつめます。

2. さらに、100mlのウォッカを注ぎます（ミントがすべて浸かるように
   して下さい）。

3. 3〜4週間ほど置き、その後ミントを引き抜きます。

 わかること

ウォッカにミントの清々しい香りが十分に移っていることがわかります。
アルコール濃度の高い酒類は、ハーブやスパイスに含まれる香り分子を溶かしやす
い性質を持っています。

★ ウォッカはアルコール濃度が45度と高濃度なので、留意して用いましょう。

※ハーブ等を蒸留酒に浸けこんで香りづけした酒を作るのは、酒税法上の酒の製造にあたります。個人が自宅で楽しむことだ
けは例外とされますので、販売はしないよう注意しましょう。

Q ハーブの香りや機能性、お酒に移せますか？

香り分子を溶かす素材として、
お酒は広く利用されています。

<香り分子が持つ機能性>

　植物が含む「香り分子」を調べてみると、芳香があるだけでなく、私たちの健康増進に役立つ各種の機能性を備えているものが多く見られます。人々は、そんな植物を昔から薬のように利用してきました。

　台所にあるハーブにも、機能性が確認されているものがあります。例えば魚料理などに用いられるタイム。チモールやカルバクロールなどの香り分子が含まれますが、これらは優れた抗酸化性を持つことが明らかになっています。

<酒に香り分子を溶かし込む>

　植物の香り分子や有効な成分が、アルコールに溶ける性質を持つことに気付いた人々は、酒に有用なハーブやスパイス、花や果実を漬け込みます。成分を浸出させて、嗜好品として、薬草酒として、愛用したのです。西洋の薬草酒の歴史は、古代ギリシアの医聖ヒポクラテスにまで遡ることができます。

<修道院文化と薬草酒>

　中世ヨーロッパの修道院文化のなかでも薬草酒づくりが行われました。そのなかには、現代にまで繋がる伝統がつくられたものもあります。

　例えば、フランスのノルマンディー地方、フェカンのベネディクト修道院で1500年代から作られはじめた「ベネディクティーヌ」。蒸留酒をベースとし、製造に27種の薬草（タイム、ヒソップ、レモンバームなどのシソ科ハーブ、シナモン、メース、ナツメグ、バニラなどのスパイス、レモン

果皮など）が使われています。当初は長寿の秘薬とされていました。また他に、フランスの修道院の伝統ある薬酒として、「シャルトリューズ」もよく知られます。130種もの薬草が使われると推測されますが、今でもレシピは秘伝です。

　そして19世紀後半のフランスで非常に人気があった浸出酒といえばアブサン。ニガヨモギを中心とした風味と色彩が、ゴッホやロートレック、ピカソなど芸術家たちをも魅了しました。しかしニガヨモギの「ツヨン」という成分の神経系への毒性が心配され、20世紀を迎えるころには多くの国で禁止されてしまいました。後年解禁され、現在では人気が回復しています。

<日本の薬草酒>

　日本にも蒸留酒に薬草を漬け込み、香りと薬効を活かす伝統は各地でみられます。健康増進に関心が高く長寿だった徳川家康も、スイカズラを漬けた甘い香りの「忍冬酒」を嗜んでいたとか。ちなみにスイカズラには、解熱や利尿の作用があると考えられてきました。

<酒に保存される香り分子>

　こうして植物の原形から分離された香り分子は、酒という液体の中で長期保存されることが可能になりました。液体のかたちならば、料理や飲料、薬用や化粧用など、さまざまな用途に利用し、他の物質と混ぜ合わせること可能になります。酒類は、それ自体でよい香りを持つ飲料・調味料であるだけでなく、貴重な植物の香り・機能性を伝えるための「溶媒」としても役立ってきたのです。

　なお、リキュールの語源はラテン語の「Liquefacere（ものを溶かしこむ）」であり、溶媒としての酒が果たす役割を示しています。

お酒の香りを人間が楽しみはじめたのは、いつ?

**おそらく有史以前。アルコール発酵が
自然に起こってできたのでは。**

アルコールを含んだ飲料である酒は※、酵母などの微生物が糖に接して起こる「アルコール発酵」で生じるものです。そのため人間がはじめて酒類を手にしたのは有史以前だったと考えられています。

ワインを例に想像してみましょう。大昔の祖先たちが食用に貯蔵していたぶどうの実があるとします。ぶどうの果実の皮には酵母がついているので、果実が偶然つぶれて放置されるような状況があれば、人間が手を加えなくとも「発酵」が起こり、ワインの原型が作られる可能性は十分にあったのです。おそらく祖先たちは、発酵で生じた液体を口にしたときの珍しい香りと味、そして不思議な高揚感に気付いたでしょう。

ぶどう栽培の工夫や醸造技術の模索の歴史が積み重ねられた現在では、その頃とは比べ物にならないほど洗練されたワインが世界中で楽しめるようになりました。もちろん、ぶどう以外の身近な果実やはちみつなど糖を含む原料も、世界各地での醸造酒造りに生かされました。また麦や米など穀物に含まれるでんぷんを糖化させ、アルコール発酵させる技術も磨かれていきました。

さらに酒は、飲料としてだけでなく、その機能性や香りが調理にも役立てられるようになります。

※日本の酒税法では、アルコールを1%以上含む飲料が「酒類」と定義されている。

お酒のなかの「アルコール」、料理に役立ちますか?

**生臭みを弱めたり、ハーブの香りを
移し取ったり。色々と活躍します。**

酒類に共通して含まれる成分、「エチルアルコール」とは、どのような物質なのでしょうか。

エチルアルコール（C_2H_6O）は、エタノール、または酒精とも呼ばれます。油脂に溶けやすく、さらに水にも溶けやすい性質を持っています。酒は「アルコール飲料」と呼ばれますが、これはエタノールが含まれていることを意味し、一般にビールに5%前後、ワインに13%前後、日本酒に15%前後含まれます。エタノールは、それ自体で特有の香りを持つ物質ですが、調理の際には他の機能が、仕上がりの香りの改善や向上に役立っています。料理の香り・風味に関連するエタノールの性質を、右に示しました。

---

① **微生物の繁殖を抑える**

…… 食品の保存性を高める。

　　⇒ 魚の生臭みや腐敗臭の発生を防ぐ。

② **共沸効果を持つ**

…… 蒸発する時に他の匂いも飛ばす

　　⇒ 加熱調理に加えると魚の生臭さが弱められる。

③ **香気成分を溶かしやすい**

…… 親水性・親油性の香気成分を溶かす。

　　⇒ 酒類にハーブ・スパイスなどを漬けると、
　　　 素材から香りを移し取ることができる。

④ **酢酸菌により酢になる**

…… 酢酸菌の働きで酢酸に変わる。

　　⇒ 保存方法や期間に注意が必要。

お酒の香りは、どうやってできるの？

原料の香り、発酵時の香り、
熟成時の香りが溶け合ってできます。

エタノールという共通項があるものの、世界各地の名酒を見渡せば、これが多様な飲物であることがわかります。お酒の味や香りは、何がつくっているのでしょうか。

＜酒の味わいをつくるもの＞

各々の酒には、エタノール以外にも多くの成分が含まれています。糖類、各種有機酸、アミノ酸など、これらの種類やバランスが、酸味や甘味、うま味のもととして働きます。

さらに、発酵で生じる高級アルコール類や、エステルなどの微量の香り分子も重要です。『酒の科学』の中で、執筆陣の一人、石川雄章氏は「酒にはそれぞれ固有の香味があり、酒を嗜むことは心地よい酔いとともに、その香味を堪能することでもある。したがって、魅力的な酒の香味を化学的に究めることは酒の科学の究極の夢でもある」と書いています。ビールには620種以上、ワインには840種以上、ウイスキーには330種以上もの香気成分が見つかっています。香り豊かな蒸留酒・ブランデーやラム酒は、飲料だけではなく、料理の仕上げのフランベ（エチルアルコール分を火で飛ばし、必要な香りを残す）に使われることもあ

ります。酒の役割が生臭み除去やマスキングだけではなく、良い香りを意識的につけるための調味料として用いられるよい例でしょう。

＜酒の香りの由来＞

酒類の複雑な香りはどのように生まれるのでしょうか。香り分子の由来には、大きく分けて下記の3つがあります。

①原料に由来する香り
②発酵時に（微生物の働きで）生じる香り
③熟成・保存時に生じる香り

酒造りにおいて、香り・風味の完成のために必要なことは、まずは原料の吟味、そして微生物の活動に必要な条件の調整、最後に熟成や保存の際の細心の注意なのです。

とはいえ、酒の種別により、香りの全体的な仕上がりに最も影響する要素は異なります。例えばワインの場合。一説に、酒質を決める要因の80%が原料に由来するといわれます。香りについても、ぶどうの品種や産地ごとの異なった特徴が、ワインの香りに大きく反映されるのです（白ワインの品種ごとの香気成分の違いは表1参照）。

一方、日本の清酒の場合は、発酵時の段階で生み出される香り分子が、仕上がり時の全体的な香りの印象に大きく影響しています。

表1 白ワインの香気成分　ぶどうの品種別比較

ブドウ品種	ワインの特香成分
ゲベルツトラミネール	オクタン酸エチル、cis-ローズオキシド、イソ酪酸エチル、ヘキサン酸エチル、β-ダマセノン、酢酸3-メチルブチル、ワインラクトン
リースリング	2-ビニル-2-テトラヒドロフラン-5-オン、2-メチルメルカプトエタノール、ヘキサン酸エチル、酪酸エチル、2-メチル酢酸エチル、β-ダマセノン、酢酸3-メチルブチル、リナロール、2-フェニルエタノール
シャルドネ	β-ダマセノン、2-フェニルエタノール、、2-メチル-メルカプトエタノール、4-ビニルグアイアコール、バニリン、ジアセチル、桂皮酸エチル、ヘキサン酸エチル、酪酸エチル、2-メチル酪酸エチル

白ワインの香りには、原料ぶどうの品種の違いが大きく反映されている。
出所：井上重治著『微生物と香り』より引用。筆者作成

Q 「蒸留」って何ですか？

沸点の違いで、成分を分離。蒸留酒や香料を得るため利用できる原理です。

ワインやビールなどの醸造酒は豊かな香りと味をもたらしましたが、酒に含まれるアルコールの機能に気づいた祖先たちは、さらにアルコール濃度数の高い酒を造る方法を見つけ出しました。それが醸造酒を蒸留して造る「蒸留酒（スピリッツ）」です。

蒸留の原理は紀元前から知られており、ヘレニズム世界の錬金術の中でも用いられていました。その後その技術や利用法がさらに磨かれたのは中世イスラム世界でした。

＜蒸留の原理＞

蒸留とは、混合物である液体を加熱し、出てきた蒸気を冷却し液体に戻す操作で、沸点の違いによって成分を分離する行為です。

例えば、醸造した酒を加熱すると、水よりも沸点の低いエチルアルコールや香り分子の多くが、先に気体となります。この気体を集め冷却すれば、もとの醸造酒から高い濃度のエチルアルコールや香気成分が得られるというわけです。

こうして、よりアルコール濃度が高く、保存性に優れ、香り高い液体を取り出すことができたのです。ブランデー、ウイスキー、焼酎などの蒸留酒は、この原理を利用してつくられています。

＜蒸留で得られる「香り」＞

蒸留の技術は、酒類の製造にだけ役立てられてきたわけではありません。最古の蒸留の目的は、植物から香りを得ることだったようです。

紀元前3500年頃のものとされるメソポタミア（テペ・ガウラ遺跡）で発掘された蒸留器は、植物から香り分子を集め、香料をとる目的で使われたと考えられています。またキプロス島では、2000年前のものとされる多数の蒸留器、桶、ろうと、香水瓶が発掘されており、そこが古代の「香水製造工場」であったと推測されているのです。植物の持つ各種の香り物質は揮発性であり、加熱により植物から分離されます。蒸留の発想を利用することで、人々は植物から貴重な「香りのもと」を抽出したのです。現在でも、この方法は多くの花やハーブ、樹木の香り物質の抽出に役立てられています。

蒸留の原理を利用した香りの抽出については、本章4「水×香り（⇒P86参照）」でも詳しく紹介しています。

---

column

スコッチウイスキーのおいしい飲み方は、ストレート？水割り？

グラスから立ちのぼる「香り」を楽しむなら「ストレートよりも、少量の水を加えた方がスコッチ特有のスモーキー香が引き立つ」という報告が、2017年スウェーデンの研究チームからなされています[※]。

お酒のなかは、「水」と「エタノール」が混合した状態。研究チームはこの混合物のなかでのスモーキー香（香り分子：グアイヤコール）の動き方を調べました。少し水を足しアルコールの濃度をうすめると、液面近くにスモーキー香が集まり、そのために香り立ちがよくなるということです。

※『Dilution of whisky – the molecular perspective』
Björn C. G. Karlsson ＆ Ran Friedman
ネイチャー サイエンティフィック・レポート(2017)

ワインを使ってみよう

歴史ある醸造酒。原料ぶどうの品種や
産地により、香りの個性は幅広い。

　ブドウ科のつる性落葉低木の実を原料とした醸造酒。ギルガメシュ叙事詩にも記述があり、数千年前の西アジアから東地中海にかけて盛んに醸造されたと推測されています。料理用の調味（香）料としては、すでに紀元前5～6世紀ギリシアで常用されるようになりました。ローマ帝政期には、ガルム（魚醤）をワインで割った調味料が使われ、中世には網焼き魚のワイン煮、肉や玉ねぎの炒め物など料理に幅広く使われていました。

　スティルワインと呼ばれる一般的なワインとして、赤ワインと白ワインがあります。香りは、ぶどうの品種や産地や生育状態、醸造過程、保存法により多様です。他に二次発酵で炭酸ガスを発生させたスパークリングワインなどがあります。

＜香りのアレンジ＞
赤ワインを使って、スパイスの香りと作用を引き出すのが、ドイツのグリューワイン（スパイスワイン）です。
また、赤ワインのタンニンによる肉の軟化・抑臭と、ハーブ類による風味付けを兼ねたマリネ液を肉料理に応用してみましょう。

Recipie 1

ホットスパイスワイン

材料／赤ワイン200㎖、水100㎖、シナモンスティック1本、クローブ2～3個、柑橘類の皮1片、ざらめ糖適量
作り方／鍋に材料を入れ、沸騰させないよう加熱する。温かいうちに頂く。

Recipie 2

赤ワインのハーブマリネ液

材料／赤ワイン180㎖、ハーブ各種（ローズマリー、タイム、セージ、ジュニパーベリー、クローブ、にんにく、玉ねぎ、にんじん、セロリなど）
作り方／赤ワインにハーブを漬け込み数時間おく。鹿肉や牛肉などをマリネ液につけてローストする。

「ワイン」を使って香りを生かすレシピ

作ってみよう

鹿のロースト 赤ワインマリネ

材料(4人分)

鹿ロース肉（ブロック）…… 1kg
（脂や筋、肉片を取り外すと正味550g～600g）
塩 …… 小さじ1
黒こしょう …… 少々
バター …… 5g
長ねぎ …… 4本
（塩をふってオリーブ油でローストする）

マリネ液の材料

赤ワイン …… 200㎖
タイム …… 4本
ジュニパーベリー …… 12粒
クローブ …… 1本
ローリエ …… 1枚
にんにく …… 1かけ（皮をむいて半分に切る）
玉ねぎ …… 1/2個（2cm角に切る）
にんじん …… 1/2本（2cm角に切る）
セロリ …… 1/3本（2cm角に切る）

ソースの材料

オリーブ油 …… 大さじ2
鶏だし…… 600㎖
赤ワイン …… 200㎖（しっかり煮詰める）
バター …… 5g

作り方

1. マリネ液の材料を合わせる。鹿肉の塊と、取り外した筋や肉片を半日～一晩マリネする。鹿肉をマリネ液から取り出し、鹿肉の塊とそれ以外の部分（筋、肉片、マリネ液の残り、ハーブ、スパイス）に分ける。

2. 鹿肉の塊に塩、黒こしょうをまぶす。フライパンにバターをひき、鹿肉を転がしながら焼く。網の上に取り出し、アルミホイルをかけておく。

3. ソースを作る。フライパンにオリーブ油をひき、**1**の筋や肉片、マリネ液に入っていた香味野菜を炒める。**1**のマリネ液の残り、ハーブ、スパイスと鶏だしを加え、中火で20分ほど煮る。ざるで濾し、とろみがつくまで煮詰める。赤ワインを加え、塩と黒こしょう（分量外）で味をととのえ、バターを溶かし込む。

4. 鹿肉を切って切り口に塩、黒こしょう（分量外）をふり、長ねぎと一緒に皿に盛る。**3**のソースをかける。

赤ワインには、ハーブと香味野菜の香りをしっかり移して。
鹿肉の野性味が引き立つマリネ液です。

ブランデー

果実を発酵・蒸留・熟成させてつくられる蒸留酒。「ブランデー」といえば、ぶどう原料の白ワインを蒸留し、オーク樽で長年熟成させて造るグレープ・ブランデーがポピュラーですが、カルヴァドスに代表されるアップル・ブランデー、キルシュに代表されるサクランボ・ブランデーもつくられます。これらは飲用の他、製菓材料として使われることも多いです。

ブランデーの特徴的な香気成分は、原料のぶどうに由来する花調の香りの「ネロリドール」や「リナロール」、蒸留時に生成される、バラのような香りの「β-ダマセノン」があります。また樽内の熟成中に生じる、穏やかで上品な香りの「アセタール」、樽材由来で芳純な熟成香の「ケルカスラクトン」なども含まれ、香り豊かです。

＜香りのアレンジ＞

ブランデーの考案者とされる13世紀の医師で錬金術師のアルノー・ド・ビルヌーブは、蒸留酒にレモン、薔薇、オレンジ花（ネロリ）などの成分を抽出し薬酒をつくっていました。これら植物素材の香り分子には、ブランデーと共通するものも多く含まれており、調和した香りの酒だったと想像されます。

Recipie 1

花のインフュージョン

材料／ブランデー180㎖、オレンジフラワー20個

作り方／瓶にすべての材料を入れ、2〜3日ほどおく。ミネラルウォーターで割って、香りを楽しむ。好みで甘味を加える。数カ月浸け込むとさらに濃厚な香りに。

Recipie 2

ローズゼラニウムのインフュージョン

材料／ブランデー180㎖、ローズゼラニウムの葉10〜15枚

作り方／瓶にすべての材料を入れ、1週間ほどおく。ミネラルウォーターで割って、香りを楽しむ。好みで甘味を加える。数カ月漬け込むとさらに濃厚な香りに。

ウイスキー

大麦やとうもろこしを原料とした蒸留酒。イギリスのヘンリー2世が12世紀末に侵攻した時、すでにアイルランドでは穀物から蒸留酒が造られていました。また15世紀スコットランドの大蔵省文書には、当地で麦芽からの蒸留酒（Aqua vitea）が製造されたことを示す記録があります。

ブランデー同様、原料選別、発酵、蒸留、樽内での熟成と段階を経るごとにさまざまな香気成分が加わりますが、ここではスコッチウイスキーなどに見られる独特の香気、スモーキーな「ピート香」について触れましょう。ピートとは植物が土に永年堆積してできた「泥炭」です。材料の麦芽を乾燥させる際にピートを焚いて燻しておくと、その香りが仕上がったウイスキーにも残るのです。ピート香の正体はグアイアコールやクレゾールなどのフェノール類で、特徴的な香りとして知られています。

＜香りのアレンジ＞

一般に、酒類に含まれるフェノール類（スモーキー、あるいは薬品調の香り）の香りは、酒の種類により、プラス評価される場合、または異臭としてマイナス評価する場合があります。

ウイスキーのスモーキー香をいかしたインフュージョンには、コーヒーやほうじ茶が相性がよいでしょう。一風変わったウイスキーの香り・風味を楽しむことができます。

Recipie 1

コーヒーのインフュージョン

材料／ウイスキー180㎖、コーヒー豆20ｇ

作り方／瓶にすべての材料を入れ、1〜2週間ほどおいて漉す。カクテル等の材料に。好みで甘味を加える。

Recipie 2

ほうじ茶のインフュージョン

材料／ウイスキー180㎖、ほうじ茶20ｇ

作り方／瓶にすべての材料を入れ、1〜2週間ほどおいて漉す。カクテル等の材料に。好みで甘味を加える。

焼酎

　米・甘藷・麦などから造られる日本の蒸留酒。15世紀に琉球・対馬、16世紀には薩摩・肥後での製造を示す記録が見られます。税法上は連続式蒸留焼酎（旧・甲類、アルコール分36度未満）と単式蒸留焼酎（旧・乙類、アルコール分45度以下）に分かれますが、伝統的な製法は単式蒸留。現在も九州地方を中心に原料の香りやうま味が生かされた焼酎が造られています。一方、連続式蒸留の導入は大正初期以後で、原料由来の香りの個性は少ないのです。

　甘藷<ruby>（かんしょ）</ruby>を原料とした芋焼酎の特徴的な香気成分は、リナロールやシトロネロール（少し刺激的なバラのような香り）、α-テルピネオール、エステルのフェニル酢酸エチルや桂皮酸エチルなど。泡盛は沖縄の米焼酎で、黒麹菌を使うことが特徴。3年以上の貯蔵・熟成により甘い芳香を持つものは「古酒（クース）」と呼ばれ珍重されます。

＜香りのアレンジ＞
コリアンダーシードは、カレー用スパイスとして知られていますが、単独ではリナロールの割合が大きく、甘さのあるハーブ調の香りで、芋焼酎になじみやすいのです。またバニリン（バニラのような香り）が含まれる泡盛の熟成香といちごの香りは相性がよいです。

Recipie 1
コリアンダーのインフュージョン
材料／芋焼酎 180㎖、コリアンダーシード（粉）小さじ 2、氷砂糖適量
作り方／瓶にすべての材料を入れ、1週間ほどおく。カクテルの材料に。

Recipie 2
いちごのインフュージョン
材料／泡盛 180㎖、いちご（小）10 個、氷砂糖適量
作り方／瓶にすべての材料を入れ、1週間ほどおくと、ピンク色に色づく。炭酸水などで割る。

ジン

　世界三大スピリッツに数えられる「ジン」。この名は香りづけに使われるジュニパー（杜松）というヒノキ科の植物の実に由来しています。ジンは1660年、オランダのライデン大学のシルビウス教授により熱病の治療薬として考案されました。

　それ以前に、修道僧がジュニパー由来の蒸留酒を造っていたという説もあります。18世紀のロンドンで大流行し、19世紀半ば以降は米国のカクテル文化の発展に寄与しました。現在ではマティーニをはじめポピュラーなカクテルのベースとしても欠かせない存在です。

　2000年頃のスコットランドでは、ジュニパーベリーなど、伝統に捉われない幅広いスパイスやハーブを使った新しい香りのジンが生まれました。その後、各国の蒸留所で実験的なジン造りが行われるようになり、近年は日本でも山椒や柚子を使った独創的なクラフトジンが生産されています。

＜香りのアレンジ＞
伝統的なジンの蒸留時には、ジュニパーベリー以外に、コリアンダーの種子、オレンジやレモンの果皮、アンジェリカの根、シナモンなどが加えられます。しょうが、すだちの香りでさらにアレンジするのも面白いです。

Recipie 1
ジンジャーのインフュージョン
材料／ジン 180㎖、しょうがのスライス 10 ～ 15 枚
作り方／瓶にすべての材料を入れ、2、3日おく。トニックウォーターなどで割る。

Recipie 2
すだちのインフュージョン
材料／ジン 180㎖、すだち 5 個
作り方／瓶にすべての材料を入れ、2週間ほどおく。炭酸水などで割る。

ウォッカを使ってみよう

ロシア・東欧のクリアな蒸留酒。
繊細な香りの素材をつけこむのに最適。

　大麦、ライ麦、小麦、じゃがいもなどを原料とした蒸留酒。ロシアや中東欧で飲用されてきた歴史を持つ。1950年ごろからカクテルベースとして急激に普及しました。

　蒸留後に白樺などの活性炭で雑味や余分な香気成分を取り除いているので、雑味がなくクリアな仕上がりです。繊細な香りの素材を使ってインフュージョンを作るのに適しています。

　ヨーロッパ、ロシアでは、柑橘類や唐辛子などのスパイスなど、さまざまな香りを付与したフレーバードウォッカも商品化されています。例えば、ポーランドのビャウォヴィエジャの森に生えるバイソングラスの香りがついたズブロッカ。香り物質クマリンが含まれ、桜餅のような香りが愛されています。

＜香りのアレンジ＞
素材の香りをそのまま生かしたい場合、溶媒はウォッカが使いやすいです。実山椒と新鮮なレモンの葉は初夏の香り。桜の塩漬け（P97）は桜湯だけでなく、カクテルでも香りと色合いを楽しんでみてください。

Recipie 1

実山椒とレモンの葉のインフュージョン

材料／ウォッカ 180㎖、実山椒 20 〜 30 個、レモンの葉 5 枚
作り方／瓶にすべての材料を入れる。3日ほどで使える。
＊炭酸水やグレープフルーツジュースで希釈。好みで甘味を加える。

Recipie 2

桜のインフュージョン

材料／ウォッカ 180㎖、桜の塩漬け 10 個
作り方／桜の塩漬けは軽く水ですすぎ、水気を切る。瓶にすべての材料を入れる。花が開く2日目ごろから使える。カクテルの材料に。

「ウォッカ」を使って香りを引き出すレシピ

作って
みよう

初夏の香りのカクテル

材料（2人分）
実山椒とレモンの葉のインフュージョン
（上記レシピ参照）…… 20㎖
実山椒 … 3個（インフュージョンで使ったもの）
トニックウォーター…… 90㎖

作り方
1. カクテルグラスにインフュージョンとトニックウォーターを注ぐ
2. インフュージョン作りに使った実山椒とレモンの葉をあしらう。

※材料はよく冷やしておく。

桜と甘酒のカクテル

材料（2人分）
桜のインフュージョン（上記レシピ参照）… 20㎖
桜の塩漬け …… 1個
甘酒…… 80㎖

作り方
1. カクテルグラスに甘酒を注いだ後、桜のインフュージョンを静かに注ぐ。
2. 水ですすいだ桜の塩漬けを中央に浮かせる。

ウォッカに実山椒の香りが溶けだして、
さわやかな味わいに。

桜と甘酒を組み合わせた、
和の風味を感じるお酒です。

3. 香りの抽出法

酢 ✕ 香り

　酢は、人の味覚に「酸味」を与える調味料として使われてきました。甘味は身体にとってエネルギー源となる糖類の味、塩味は身体に必要なミネラルを表す味、それぞれ生命維持に必要な食物を判断する生理的な味覚です。それに対し、酸味は食物の腐敗の兆しを表すシグナルでもありました。しかし人は酸味をもつ酢のさまざまな機能に気づき、料理の安全とおいしさの向上に役立てています。とすれば、酸味は、人にとって文化的な味覚といえるかもしれません。

　本章では、酢に着目しながら、料理と香りについて考えていきましょう。

酢は便利な調味料です。
酸味があって、防腐の機能も。
これに香りをプラスできたら、
料理はもっと広がりそうですね

テーマ

お酢にも香りが移る

料理の幅が広がる香り酢を作ろう

使うもの

ワインビネガー　250㎖

生のディルの茎、葉　10㎝程度×4本

手順

1. 密閉瓶に、ディルの茎、葉を入れます。

2. 常温のワインビネガーを瓶に注ぎます(ディルが液に完全に浸るようにしてください)。

3. 1週間ほどしたら、ディルを取り出します。

わかること

ディルの香りがしっかりとビネガーに移っているのがわかります。

★食酢は、味覚に酸味を与えるだけでなく、防腐作用や肉の軟化作用も持つ機能的な調味料で、水よりも食酢に香りは溶けやすいのです。酢特有のツンとした香りをやわらげ、さらに香りを加えたい時は、ハーブやスパイスを漬け込みましょう。香り分子の多くは、食酢の仲間に溶け出します。

Q 酢に香りは移りますか？

さまざまな機能性を持つ酢。香りをプラスし、活用の幅が広げましょう。

食酢はさまざまな調理上の機能を持ちます。

＜酢の機能＞
①呈味（ていみ）作用（酸味を加える）
②防腐作用（微生物の繁殖を防いで保存性を増す、腐敗臭を防ぐ）
③脱水・軟化作用（肉がやわらかくなる）
④褐変を抑えて色彩を保つ作用（れんこんやうどなどの調理）

　機能性の高い酢ですが、香り・風味の向上の観点からは、どんな特徴があるのでしょうか。
　酢の香りというと多くの人はツンと鼻を刺すような香りを思い浮かべるでしょう。酢の中心的な成分「酢酸」は刺激臭を持ち、食酢にはこれが3〜5％前後の濃度で含まれています。確かにこれは食酢の主要な香りですが、そのほかに、発酵時にできた香り、また原料（穀物・果実など）由来の香りが豊かに含まれています。これがそれぞれの食酢の個性となりますから、料理の際は、これらの香り・風味と、食材との相性を考える必要があるでしょう。

＜香りをプラスし、酢をおいしく＞
　また近年の食酢利用の研究では、食酢にハーブを漬け込むことで、酸味を抑えたり、嗜好性を高めたりする可能性があることが示されています。
　食材に含まれる香り分子は、水よりも酢酸に溶けやすい性質がありますので、酢に他の食材の香り・風味をプラスすることで、酢の活用の幅は、さらに広がっていくでしょう。

酢には色々な機能が。香りを加えればさらに広く活用できますね

---

column

酢の歴史エピソード　盗賊のハーブビネガー

　酢とハーブの持つ抗菌作用を象徴する逸話が残っています。18世紀、フランス・マルセイユでのペスト大流行の時期のお話。ペスト患者から金品を盗む常習犯の4人組泥棒がいました。彼らはどうやってペスト感染を防いでいたのでしょうか？
　捕まった際に彼らが白状した薬の秘密は、「ハーブビネガー」でした。酢に、セージ、ミント、ローズマリー、キャラウェイなどのハーブを漬けたものを飲用し、またこれで口をすすいだり、外出前に鼻から吸い込んでいたのです。
　その後、これは「盗賊のハーブビネガー」として、語り継がれていきます。この言い伝えには諸説あり、地域や泥棒の人数、ハーブの種類等にバリエーションがありますが、ペスト流行の対応策として酢とハーブ類を活用したことは共通しています。

酢はいつから、料理に役立っているの？

酒が自然と発酵して酢に。はじめは
調味料より、保存料や薬の役割でした。

＜酒から生まれる酢＞

食酢・ビネガーの酸っぱさの正体は「酢酸」。
一般の食酢には、これが３〜５％前後の濃度で含
まれています。「酢は酒の息子」と表現されるこ
とがありますが、醸造酒などに含まれるアルコー
ル分が、酢酸菌により発酵して酢酸に変わると、
酢ができます。

このため、各食文化圏では、酒と酢の原料は共
通していることが多いのです。ぶどうやりんごな
どの身近な果物、米やとうもろこしなどの穀物を
用いて、有史以前から造られたと考えられていま
す。

ちなみに、英語のビネガー（Vineger）の語源
は、フランス語のVinaigreで、「Vin」（ワイン）
と「aigre」（酸っぱい）の合成語です。

当初の用途は、調味料というより保存料や薬と
しての役割が大きかったようです。古代ギリシア
の医聖ヒポクラテスも、けがや病気の治療に酢を
用いた処方を考案していますし、ローマの博物学
者プリニウスも、回復期の病人の胃によいと食酢
の水割りを勧めたといわれます。

＜酢の仲間＞

広義には、酢酸だけでなく、柑橘類のレモンや
スダチ、カボスなどの果汁、クエン酸主体の酸味
も、酢の仲間として利用されています。熱帯性の
マメ科植物タマリンドの果実も酸味料として使わ
れますが、これには酒石酸が含まれています。

酢酸ではなく、乳酸発酵を利用した酢のルーツ
として、古代インドのヤシ樹液を原料とした酢が
あります。ヤシ樹液の酒や酢は、熱帯から亜熱帯
の地域で広く使われてきました。

＜フランス料理と酢＞

フランス料理の歴史をみると、酢（や酸味のあ
る果汁）を使ったソースのルーツは中世にまでさ
かのぼります。17世紀頃からはソースのベースに
主に油脂が使われるようになりますが、現在でも
ラヴィゴネットソース（酢にハーブやマスタード、
少量の油を加える）やグリビッシュソース（固ゆ
で卵、酢、ピクルスで作る）などが引き継がれて
います。

＜自家製された酢＞

また酢は、購入するばかりでなく、家庭で自家
製も作られてきました。ひと昔前のアメリカの主
婦たちの多くは、りんごの皮や芯までも捨てずに
リンゴ酒を造り、そこからりんご酢を作っていた
のです。

酢作りの材料は、糖分の十分ある果物なら幅広
く使うことができます。りんごや柿、びわなども
用いられます。東南アジアでも果実から酢が作ら
れました。伝統的なインドネシアの酢には、マン
ゴーやグアバ、パイナップルなどのトロピカルフ
ルーツを原料とするものがあります。

果実から酢を作る工程では、果実にもともと付
いている酵母の働きだけで自然にアルコール発酵
が進む場合もありますが、作り手が酵母を加えて
おくと発酵が進みやすいのです。また、酢酸菌は
常在菌のため、酢酸発酵が自然にはじまる場合も
ありますが、すでにできている食酢を「種酢」と
して入れることで、発酵が促されます。

ワインビネガーを使ってみよう

複雑な酸味が料理を引き立てます。
白と赤、食材に合わせて使い分けて。

　ワインビネガーには、白ワイン・赤ワインをそれぞれ酢酸発酵・熟成して作られた白ワインビネガー、赤ワインビネガーがあり、どちらも原料のワインに由来する香り物質を受け継いでいます。他の醸造酒に比べて、酢酸以外の有機酸（酒石酸など、りんご酸、クエン酸）の含まれる割合が大きく、酸味に複雑さが感じられます。白ワインビネガーは、口当たりがやさしく魚介系、野菜・果物料理、ハーブや花の漬け込みにも向いており、赤ワインビネガーは、深い色合いで味に渋みがあり、肉料理などにも合わせられる力強さがあります。またシェリービネガーは、スペインのアンダ

ルシア地方で造られるシェリー酒が原料です。シェリー酒同様に熟成度の違う樽の中身を段階的に足して造られ、長いものは数十年かけて熟成されることで、栗色で芳醇な香りに仕上がります。

＜香りのアレンジ＞
ルネサンス期の芸術家・発明家レオナルド・ダ・ヴィンチが残した手稿は複数分野にわたりますが、なかには食関連の記述もあるのです。37歳当時の手稿には、酢と3種ハーブのだけのシンプルな書き付けが残されています。

Recipie 1
ダ・ヴィンチ風ビネガー

材料／白ワインビネガー 250㎖、
パセリ 10cm 2本、ミント 10cm 1本、タイム 2本、
作り方／すべての材料を合わせて1週間漬け、香りが出た頃に取り出す。調味して魚のマリネ液、オリーブ油と合わせてドレッシングなどに。

「ワインビネガー」を使って香りを引き出すレシピ

 作ってみよう

小アジのエスカベッシュ

材料(4人分)

小アジ …… 12本(ぜいご、えら、内蔵を取り除く)
塩、黒こしょう …… 少々
薄力小麦粉 …… 適量
揚げ油 …… 適量

玉ねぎ …… 1/2個(厚めのスライスにする)
パプリカ(赤、黄) …… 各1/2個(細切りにする)
セロリ …… 1/3本(せん切りにする)
にんじん …… 1/3本(せん切りにする)
にんにく …… 1かけ(スライスする)
オリーブ油 …… 大さじ1
塩 …… 10g
砂糖 …… 30g
水 …… 400㎖
ダ・ヴィンチ風ハーブビネガー(上記参照)
…… 80㎖

作り方

1. フライパンにオリーブ油を入れ、野菜、にんにくをしんなりするまで炒める。塩、砂糖、水を加え一煮立ちさせる。粗熱をとり、ダ・ヴィンチ風ハーブビネガーを加える。
2. 小アジに塩、黒こしょうをふり、薄力小麦粉をまぶし、170℃で茶色く色づくまで揚げる。熱いうちに**1**をまわしかけ、味を含ませる。

※約15分後から食べられるが、1時間ほど漬け込むと、なじんでよりおいしく食べられる。

エスカベッシュ(escabeche)／魚料理の仕上げに食酢を合わせる料理法は、古代ローマの『アピキウスの料理書』にも見られる。エスカベッシュの語源はアラビア語「Sikbaj」。中世のアラビアでは、酢で仕上げた肉・魚料理をそう呼んでいたという。

3種のハーブのダ・ヴィンチ風ビネガーで香り付けを。
さわやかな酸味と深い味わいが楽しめます。

バルサミコ酢

イタリアのエミリア・ロマーニャ州で中世から造られている、独特の香りと甘味のある褐色の酢。当初は食用というより強壮剤や香油のような用途で使われていました。まずブドウ果汁を煮詰めてから樽に入れ、手間のかかる工程を重ねながら12年以上の長期にわたる熟成を行います。糖分と酸が高濃度の中、アルコール発酵と酢酸発酵が同時に行われるのです。原料や熟成方法、品質が厳しく定められたこの伝統的製法のもの（「アチェート・バルサミコ・トラディツィオナーレ」）は非常に高価で、料理の仕上げにごく少量、風味を楽しむように使い、加熱調理することはほとんどありません。1980年代から世界中に名が知られると、製法の条件が緩やかで熟成期間が短い"普及版バルサミコ"も多く流通するようになりました。用途により使い分けるとよいでしょう。

＜香りのアレンジ＞
手に入りやすい普及版のバルサミコ酢を使い、香り酢を作りましょう。独特の香り、甘みと合うよう、ハーブ・スパイス類はやや強めで主張のある香りのものを選ぶとよいです。

Recipie 1
普及版バルサミコ酢＋シナモン

材料／バルサミコ酢 250㎖、シナモンパウダー小さじ 1/2、ざらめ糖大さじ I
作り方／バルサミコ酢を小鍋にいれ、1/4程度の量になるまで煮詰める。火を止めざらめ糖を入れて溶かす。シナモンパウダーを加え、粗熱がとれたら瓶などで保存。バニラアイスなどに。

Recipie 2
普及版バルサミコ酢＋オレンジピール

材料／バルサミコ酢 250㎖、オレンジピール I 個
作り方／瓶に材料を入れ、I 週間程度おく。オリーブ油・塩と合わせドレッシングに。

各種フルーツビネガー

フランスではワインビネガーが主流ですが、アメリカでは酢といえばアップルビネガー（りんご酢）がポピュラーです。りんご果汁を原料に、アルコール発酵、酢酸発酵を経て醸造酢となります※。

りんご果汁にはりんご酸が多く含まれるため、酢醸造の課程でマロラクティック発酵（乳酸菌がりんご酸を乳酸にする発酵）が起こりやすく、酸味が和らぎ、香りが複雑になります。原料のりんごのやさしく甘い風味と爽やかな酸味の酢です。フルーツを原料とした酢は、りんご以外にも柿酢やいちじく酢、ココナツ酢など多種。それぞれ原料由来の香りがあるので用途に合わせて選びましょう。

※国内では I L に300g以上の果汁を使っている場合に「りんご酢」という名で流通している。フルーツを原料とした酢は、りんご以外にも柿酢やいちじく酢、ココナツ酢など多種。それぞれ原料由来の香りがあるので、用途に合わせて選びましょう。

＜香りのアレンジ＞
食酢は料理だけでなく飲料としても楽しまれます。中でも、りんご酢は色が淡く爽やかな香調なので、飲用しやすいです。きれいな色と香りの出る食用花やハーブを漬けておき、飲料を作るのに適しています。

Recipie 1
りんご酢×ハイビスカス

材料／りんご酢 180㎖、ハイビスカス（ドライ）5 g、氷砂糖適量
作り方／すべての材料を瓶に入れ、食酢を注ぎ3日〜I週間おく。冷水や炭酸でわって飲料に。

Recipie 2
りんご酢×レモングラス×ミント

材料／りんご酢 180㎖、レモングラス（乾燥葉）小さじ 2、ミント（ドライ）小さじ I、氷砂糖適量
作り方／すべての材料を瓶に入れ、りんご酢を注ぎ2週間おく。冷水や炭酸でわって飲料に。

赤酢（粕酢）・黒酢

　赤酢（粕酢）は酒粕を原料にした酢です。現在の愛知県半田市の酒造家により考案されました。酒造家が酢酸菌を扱うというリスクを乗り越え生まれた赤酢には、アミノ酸が多く含まれ、うま味が豊かで酸味のまろやかな酢として江戸前寿司に愛用されました。発酵前に酒粕を長期貯蔵・熟成させる工程で糖分や有機酸類、窒素物などが増加し、赤褐色になることからこの名がついたといわれます。

　黒酢は、精製しない米や麦を原料とした酢。日本では江戸時代より鹿児島県で壺を利用した醸造法で造られてきました。1970年ごろから健康増進の観点から注目され、現在は伝統的製法を用いてないものも黒酢の名前で流通しています。香りが複雑・芳醇で色は褐色から黒色、まろやかな酸味とコクを持ちます。黒酢には血流の中の赤血球や白血球の流動性を向上させる作用があるという報告も見られます。

＜香りのアレンジ＞

赤酢のまろやかな味に、柚子の香りがアクセントとなり相性がよいです。生玉ねぎと合わせた黒酢は、甘味とコクが増し、風味も豊か。玉ねぎも食すことができます。

Recipie 1
赤酢×柚子

材料／赤酢 250㎖、柚子の皮（2個分）
作り方／すべての材料を瓶に入れ、酢を注ぎ2週間おく。植物油と塩で調味してドレッシングに。

Recipie 2
黒酢×玉ねぎ

材料／黒酢 250㎖、玉ねぎ1個
作り方／玉ねぎを縦に薄切りして瓶に入れ、黒酢を注ぐ。玉ねぎの水分が徐々に出る。翌日〜1週間ほど使える。しょうゆ、はちみつで調味してドレッシングに。

用途により
使い分けましょう

米酢を使ってみよう

平安時代にも使われた「日本の酢」。
和食の調理には欠かせない風味です。

米を原料とした、日本で古来から用いられた酢。平安時代の『和名抄』には酢について「俗に苦酒という〜（中略）〜酢をカラサケとなすはこの類なり」と記されています。酒が醸造されるようになった3世紀以後、酒が変敗したものが原形と考えられています。奈良時代には盛んに醸造されました。

平安時代の貴族の宴会料理では「四種器（しき）」と呼ばれる4種の調味料の小皿が用意されましたが、酢はそのうちの一つで、客は生ものや干し物をつけて食べていました。微量の香気成分には、清酒と共通する成分が含まれており、和食の調理には欠かせない食酢です。

<香りのアレンジ>
日本の書物で最初に「酢」に関する記述が見られるのは、奈良時代の万葉集巻16の、“酢、醤、蒜（ひる）、鯛、水葱（なぎ）を読む歌”のなかに「醤酢に蒜搗き合てて鯛願う吾にな見せそ水葱の羹（醤と酢にのびるを混ぜたタレで私は鯛をたべたい）」とある。調味した米酢に、野草ののびる（p.187参照）を合わせた風味は、この頃から楽しまれていたのです。

Recipie 1

のびるの香り酢

材料／米酢 180㎖、のびる大 10 個（小なら 20 個）
作り方／野蒜は葉の部分を切りおとし、薄皮があればむいて鱗茎の部分のみを瓶に入れ、米酢を注ぎ、1週間ほどおく。しょうゆと合わせて和え物、塩・オリーブ油と合わせてドレッシングなどに。

「米酢」を使って香りを引き出すレシピ

作って
みよう

ビーフサラダ
のびる酢のドレッシング

材料(4人分)
牛肉(ステーキ用) …… 140g
塩 …… 小さじ1
黒こしょう …… 少々
ミニトマト …… 4個(半分に切る)
赤玉ねぎ …… 1/3個(スライスする)
ビーツ …… 適量(スライスする)
ひよこ豆(水煮したもの) …… 適量
パルメザンチーズ …… 適量(ピーラーなどでスライスする)
葉野菜(エンダイブ、シルクレタス、紫キャベツなど) …… 適量(一口大に切る)
ハーブ(チャイブ) …… 適量

のびる酢のドレッシングの材料

のびるの香り酢(上記参照) …… 35㎖
オリーブオイル …… 100㎖
塩 …… 3g
黒こしょう …… 少々

作り方

1. 牛肉に塩、黒こしょうをふってグリルする。粗熱をとった後、スライスして塩をふる。
2. 皿に葉野菜、ミニトマト、赤玉ねぎ、ビーツ、ひよこ豆、1、ハーブを盛りつける。
3. ドレッシングの材料を瓶に入れよく混ぜ、回しかける。

のびるの印象的な香りが、牛肉の力強い
味わいにマッチ。元気が出るパワーサラダです。

3. 香りの抽出法

水 ✕ 香り

　水は人体の6〜7割を構成する物質です。人の食生活にも水の存在は欠かせません。キッチンにおいても水は多用され、もっとも身近な素材といえます。そのため、人々は古くから、熱した水を使い、浸出水（だしやティー）や芳香蒸留水というかたちで、香り分子を食材から引き出し、料理の香り・風味の向上に活かしてきました

　本章では水を使って料理に香りを活かす方法を考えていきましょう。

香りは水に溶けにくい。
熱湯なら急いで
水面から逃げてしまう…
さて、この性質を
香りを楽しむティータイムに
生かしてみましょう

香り分子は、すぐにお茶から逃げていく

中国茶・聞香杯で香りを感じよう

中国茶の香りを楽しむ時、「聞香杯」が使われることがあります。
これは湯にとけた香りの分子が、すぐに揮発する性質を利用した、香りの楽しみ方です。

 使うもの

茶葉(烏龍茶か紅茶)適量

熱湯　適量

小さい陶器の杯を2種類　・聞香杯(なければ長細い器で代用)
　　　　　　　　　　　　・茶杯(なければ杯で代用)

手 順

1. 急須に適切な茶葉量をいれ、熱湯を注ぎ、
   数分間おいて茶を作ります。

2. 急須から、茶杯に茶を注ぐ前に、
   聞香杯(細長い器)に茶を注ぎます。

3. すぐに、聞香杯から茶杯へ全部茶を移します。

4. 空いた聞香杯に鼻を近づけてみましょう。
   器の中から、茶の香りが立ち上ってきます。

 わかること

器の表面に残った水分や香り分子が、温かさのなかで急速に揮発しているのです。
お茶のなかの香り分子の多くが、すぐに飛んでいることがよくわかります。

Q 紅茶の香り、熱湯で引き出せますか?

熱湯に溶けだす香り分子。水中に
保たれず、すぐに表面から立ち上ります。

おいしい紅茶を淹れるためには、お湯の温度と
蒸らし時間が大切といわれます。熱の力でしっか
りと香り味を引き出していきましょう。

<香り分子は疎水性>

食物の香り分子には、一般に水に溶けにくい(疎
水性・親油性)のものが多いです。少量は溶けて
いるのですが、油脂などに比較すると、溶けにく
いといえます

そのため、熱湯で引き出された香り分子も、水
中に保たれず、水面からすぐに空気中に飛んでし
まいます。水の温度が高い場合はなおさらです。

ティーポットには蓋がついていますが、これには、
保温により成分浸出させる利点のほか、香り成分
が揮散させない利点があります。

<香りを逃さない工夫>

調理に利用する際も、香りを保つ工夫をしてみ
ましょう。熱湯で紅茶やハーブティを淹れて、ゼ
リーをつくる場合。淹れた直後に容器に氷をあて
て急冷しておく、ラップでふたをして香りを揮散
させない、などの配慮で、仕上がりが変わります。
また、香り分子が蒸発しやすいということは、香
り分子が人の鼻にとらえられやすい、ということ
でもあります。紅茶をポットから注ぎ、口の広い
カップですぐに頂くのは、香りが豊かに楽しめる
から。水の性質を知り工夫することで、料理や飲
料の香りを、もっと生かすことができそうです。

Q 芳香蒸留水って何ですか?

水蒸気蒸留法で得られる水分。香りが
よいものは、料理に使われました。

P69で、「蒸留」の技術について触れましたが、
ここではもう少し詳しくその方法をみてみましょ
う。

<蒸留の原理>

蒸留とは、液体を加熱し、出てきた蒸気を冷却
し液体に戻すことで、沸点の違いにより成分を分
離し、濃縮することを意味しています。

図1を見てください。水蒸気蒸留法の原理を示
しています。人は、植物の葉に含まれる香り分子
が水分と加熱されることで蒸発しやすくなる、と
いう性質に気づき、湯気とともに上がってきた香

り分子を集めて、効率よく植物から香りを分離で
きると考えたのです。

こうして得られた気体を冷却して、液体にする
と、液体は二つの層に分かれています。上の層の
液体が「精油(エッセンシャルオイル)」。精油は、
香り分子の集まりで、非常に香りや作用が強いた
め、料理に入れることは危険と考えて下さい。

<料理に使われる芳香蒸留水>

しかし、精油の下の層の水性の液体「芳香蒸留
水」には、植物の種類により、料理の香りづけに
生かせるものもあるのです。

古くから料理に利用された芳香蒸留水に、バラ
の花の芳香蒸留水「ローズウォーター」や、ビタ
ーオレンジの花の芳香蒸留水「オレンジフラワー
ウォーター」があります。

Q ローズウォーターは料理に使えるの?

**中東やヨーロッパでは、料理や
菓子作りに利用されています。**

香りが愛されてきた花の代表といえば、バラで
しょう。バラの芳香蒸留水(前頁)を「ローズウ
ォーター」と呼びます。これには、バラのなかの
親水性(水に溶けやすい)香り分子が豊かに含ま
れています。食用できない精油に比べ、香りや作
用がマイルド。薬用や化粧用、料理にも重宝され
てきました。

<世界各地で、風味づけに利用>

古代から知られた蒸留の技術が、特に発達した
のは中世の中東でした。この頃からローズウォー
ターが、人々の日常で使われるようになります。
例えば、中世アラビア語で書かれた料理書に、必
ず載っていたという人気の菓子「ラウジーナージ」
は、アーモンドパウダーと砂糖、そしてローズウ
ォーターで作られたものでした。(ちなみに、こ
の菓子はマカロンのルーツです)。

8〜10世紀アッバース朝の宮廷で生まれた『料
理と食養生の書』でも、ローズウォーターの楽し
み方が紹介されています※)。

十字軍の遠征で、ローズウォーターがヨーロッ
パに伝わると、次第に現地生産も行われるように
なります。17世紀のイギリスの料理書では、クッ
キー、スープ、肉料理、魚料理などさまざまなレ
シピにローズウォーターが加わっているのが見ら
れます。

また、インドでは現代でも台所にローズウォー
ターが置かれ、料理にデザートにと多用する家庭
があるそうです。

<ブルガリアのバラの香り>

ローズウォーターの原料は、バラのなかでも香
りの強いオールドローズの一種、ダマスクローズ
であることが多いです。ダマスクローズの生産国
として、現在有名なのはブルガリア。東京ドーム
770個分という、広大な「バラの谷」で豊富なバ
ラの花が採集されます。

現地の例年のバラ祭りでは、パレードや演奏が
行われるほか、ローズワインやローズウォーター
を使った菓子もふるまわれ、バラの香りの季節を
楽しみます。

※「色々な果汁にヨーグルトと砂糖を加え、薔薇水や麝香などの
香料をいれて煮詰めた飲み物」また、「ジュラップ(薔薇水と酢
と砂糖で作る)とスカンジャビーン(砂糖を酢で煮詰めて香辛料
をくわえたもの)を混ぜた飲み物」など。

水蒸気蒸留法のしくみ

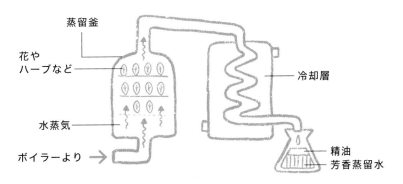

蒸留釜

花や
ハーブなど

冷却層

水蒸気

ボイラーより →

精油
芳香蒸留水

蒸留釜に入れた花やハーブの葉
に水蒸気を吹き込み、香り分子
を気化させ、その後冷却するこ
とで精油と芳香蒸留水を得ます。

芳香蒸留水 ②

オレンジフラワーウォーターを使ってみよう

ビターオレンジの白い花の優しい香り。
デザートや飲料のアレンジに。

「オレンジの香り」というと、一般には果実のフレッシュな香りが思い出されるかもしれません。実は柑橘類は香りに満ちた植物で、花や葉も香り高く料理にも利用できるのです。中でもビターオレンジの白い花は芳しく、ここからとった精油は「ネロリ」と呼ばれ、香水作りやアロマテラピーの世界では重視されてきました。

＜料理に生かす、優しく優雅な香り＞

精油とは別の素材として、水蒸気蒸留法で同時に得られるのが芳香蒸留水「オレンジフラワーウォーター」。水溶性の香り分子が溶け込んだ素材です。甘く爽やかな香りが昔から好まれていたようで、1600年代、アイスクリームの人気がでたばかりのイギリスでも、「オレンジの花の水」で香りをつけたレシピが使われてます。

チュニジアなどビターオレンジの生産国では、現在も家庭用の小さな蒸留器で作ったオレンジの花の芳香蒸留水を、料理やコーヒーなどの香りづけに用います。日本では、現地から輸入されたオレンジフラワーウォーターが市販され、手軽に入手することができます。

＜いつもの料理を香りでアレンジ＞

料理の前に、まずオレンジフラワーウォーターを一口、味見してみましょう。口内から鼻にぬける風味がしっかりと感じられます。ただ味はないので、食品として完成されているようには思われません。この風味が活かせるのは、どんな食材でしょうか。

ここでは、オレンジフラワーウォーターをフレンチトーストに使用したレシピをご紹介します。オレンジの花の優しい香りと、ほのかな甘さ、やわらかな食感との融合を楽しんで下さい。

「オレンジフラワーウォーター」の香りを生かすレシピ

作ってみよう

オレンジフラワーウォーター入り
アパレイユのフレンチトースト

材料(2人分)

パン …… 1個（4つに切る）(本書では75gの生地を焼いた白パンを使用)
バター …… 10g
バニラアイス …… 適量
粉糖 …… 適量
ピスタチオ …… 適量(粗く砕く)

アパレイユの材料

卵 …… 1個
牛乳 …… 100㎖
砂糖 …… 大さじ1
オレンジフラワーウォーター …… 小さじ1

作り方

1. アパレイユの材料をよく混ぜ、ざるで濾し、パンを1時間ほど漬け込む。かたいパンは染み込みづらいので、1時間以上漬ける。
2. フライパンにバターを入れ、弱火で1の全面をじっくり焼く。
3. 皿に盛り、バニラアイスをのせ、粉糖、ピスタチオをかける。

オレンジフラワーの風味が印象的な大人のフレンチトースト。
アパレイユにしっかり浸すことが、おいしい仕上がりのポイント

和食のだしの香り。ホッとするし、食欲が湧きます

旨味だけでなく、「香り」に秘密が
あるだし。大切に受け継ぎたいですね。

<手間がつくる、だしの香り>

水の中に素材の香りを引き出す日常的な作業といえば、だしをひくことかもしれません。日本料理では、昆布やかつお節など乾燥した状態の素材から、比較的短時間でだしをひきます。

だしをひく意義は、グルタミン酸やイノシン酸などの「うま味」を得ることだけではありません。高橋拓児氏[※]の論文「料理人からみる和食の魅力」には、昆布とかつお節を使った「究極のだし」の香りの価値について述べられています。

「昆布からくる抹茶・ほうじ茶・鼈甲生姜・洋梨・セロリ・焼餅・金木犀の香り」「鰹節からくる玉蜀黍・綿菓子・売り・チョコレート・アニス・シナモン」、これらが一番だしに奥行きと上質感をもたらすのだといいます。このような多重な香りを作るのは、だし用の昆布やかつお節が完成するまでの、手間と時間をかけた加工プロセス。上質なうま味と香りの相乗効果でだしの風味が形成されるのです。

※高橋氏の総説では、「究極のだし」をひくための3つの重要な要素が紹介されている。「1.水の硬度は50度、2.昆布からのうま味成分の抽出温度と時間、3.かつお節からのうま味成分の抽出温度と時間」であるという。

<心安らぐだしの香り>

だしの香りといえば、近年の研究に興味深いものがあります。実験によると、「昆布とかつお節でとっただしの香りが、自律神経系の副交感神経の活動を上昇させ、主観的な疲労感を軽減する」ことが示されたというのです。つまり、和風のだしの香りを嗅いだ人には、リラックスして疲れがとれたような気持になった人が多かった、ということでしょう[※1]。

料理から漂う「香り」は、食欲増進や一時的な味覚の向上に役立つだけでなく、メンタル面への働きかけを行っている可能性があります。

ただ、だしに対する嗜好性（好み）は、幼少期からの食生活により形成されることがわかっています。この実験の被験者は日本国内の学生に限られているので、この結果は一般に当てはまるとはいいきれないかもしれません。

しかし、「料理の香り」がもたらす心理的な価値について考える上では、貴重な研究といえるでしょう。今後、食の分野でも、心に働きかける香りの働きが重視されるようになるかもしれません。

<だしの香りの「やみつき感」>

人にとって、おいしさの形成要因は、主に4つあると考えられています。

① 生理的な要求（身体の維持のため、必要な栄養素に対しおいしさ感じる）
② 食文化（慣れ親しんだ食文化や食習慣による食品への安心感から、おいしさを感じる）
③ 情報（産地やブランドの表記、マスコミの評価などの情報により、おいしさを感じる）
④ 脳の報酬系（欲求が満たされた時に、快感をもたらす神経系の働きで、おいしさを感じる。やみつき感が作られる）

かつおだしを使ったある実験では、かつおだしが④報酬系のやみつき感を生む可能性[※2]が高い食品であることが、明らかになりました。そして、かつおだしの"香り"を除いた場合、やみつき感は形成されないというのです。かつおだしの「香り」は、旨味とともに、大きな満足感、強いおいしさの快感を与えるのに欠かせない要素のようです。低脂肪でありながらおいしい和食の価値は、今や世界的に認められていますが、和食のベースといわれるだしには、味だけではなく"香り"の秘密が隠されているのです。

※1 『出汁がヒトの自律神経活動および精神疲労に及ぼす影響』森瀧望ほか 日本栄養・食糧学会誌 第71巻第3号（2018）

※2 『出汁のおいしさに迫る』山崎英恵 化学と教育 63巻2号（2015）

Q 紅茶、煎茶……なぜ香りが違うの？

主に、製法の違いです。発酵の工程が、
香りの違いを生みます。

良質なお茶の魅力といえば、豊かな香りでしょう。ツバキ科ツバキ属の植物、「茶」の葉から、私たちはさまざまな香り分子を引き出し、楽しんでいます。静岡産の煎茶の清々しいグリーンな香り、インド・ダージリン産紅茶の華やかでフルーティな香り。一言に「茶」といっても、香りには幅広いバリエーションがあります。このような香りの違いはなぜ生じるのでしょうか。

＜発酵の工程が香りを分ける＞

第一の要因は、製法の違いです。もちろん茶樹の品種の詳細や生産地、葉の収穫時期によっても、香りの違いは出ます。しかし、製造中の「発酵」の工程が、葉に最も大きな香りの変化を引き起こすのです。

発酵といっても、酒や酢の醸造でみたような微生物による発酵ではありません※。茶の製造でいう発酵は、もともと茶葉に含まれていたカテキンなどが、酸化酵素の働きで酸化され、色や香りが変化する工程です。

＜煎茶の香り＞

煎茶(緑茶)は「不発酵茶」、紅茶は「完全発酵茶」に分類されます。煎茶（不発酵茶）では、製造の早い段階で茶葉を加熱し、酵素活性を失わせて発酵を防ぎます。そのため、茶の生葉の持つ清々しい香りが生きた茶に仕上がるのです。煎茶には、"みどりの香り"（⇒P37参照）といわれる「青葉アルコール」や、海苔のような香りの「ジメチルスルフィド」、スミレのような香りの「β-イオノン」などが含まれています。

＜紅茶の香り＞

一方、紅茶（完全発酵茶）は、収穫後の葉をしおれさせてよく揉み、完全に発酵を完了させます。発酵の工程では、カテキン酸化物が蓄積して他の成分を酸化し、多くの種類の香り分子が作られるのです。アミノ酸からも、ストレッカー分解で新たな香り分子が生じてきます。例えば、ヒヤシンスの花のような「フェニルアセトアルデヒド」、バラのような香りの「ゲラニオール」、スズランのような香りの「リナロール」などが生じ、華やかな強い香りの茶が作られるのです。

※プアール茶などの「後発酵茶」の場合は、茶葉の加熱・揉捻と途中まで緑茶のような工程を進めた後、微生物が関与する発酵を行い、独特の香気を発生させます。

---

column

水の硬度、香りへの影響

茶葉の香りを十分抽出しておいしいお茶をいただくために、水の硬度にも注意しましょう。

硬度とは、ミネラル（マグネシウムイオンやカルシウムイオン）が水中にどれだけ含まれているかを表す値です。水は他の物質をよく溶かすので、薬局で売っている蒸留水以外は、河川水や湖水、また水道水にも井戸水にもこのようなミネラルが含まれています。硬度120未満が軟水、それ以上は硬水とされています。日本国内の水道水では軟水の地域がほとんどで、硬度は60〜70程度。一般に関東の水の方が関西の水よりも硬度が高い傾向があります。硬度が高い場合、茶の味や香りが抽出されにくいので、硬水のミネラルウォーターでお茶を淹れるのはすすめられません。

しっかりと沸騰させ、塩素をとばした新鮮な水道水でお茶の葉を抽出しましょう。

中国の花茶を使ってみよう

ジャスミンなど花の香りを移した茶は、中国で古くから楽しまれています

茶のルーツは古代中国にさかのぼります。

唐代770年頃の茶の解説書『茶経』によると、神話上では、茶が人の口に入ったのは紀元前2700年前とされています。飲茶の起源は諸説ありますが、すでに『三国志』には茶の記述が登場しており、長い歴史があることは間違いありません。

唐代までは、茶とは茶葉を丸く固めた「団茶」と呼ばれるもので、現代のような「散茶」は、宋代を経て明代になってから主流となりました。明代には釜炒りの技術も取り入れられ、急須で淹れる現代の茶のスタイルが出来上がったのです。

明代には茶に生花の香りを移す「花茶」、現在でいう花のフレーバーティも作られるようになりました。花茶は香片、花香茶、賦香茶などとも呼ばれます。茶に香りをつける発想は古くからありましたが、散茶は香りの吸着作業にさらに適していたのです。

茶葉は香りをよく吸着するため、保管場所に注意せよといわれます。花茶の製造では、逆にこの性質が利用されました。明代の『茶譜』には、ハス、モクセイ、ジャスミン、バラやラン、タチバナやクチナシが、すべて花茶に使えるとあります。清代では上流階級の間で花茶が流行しました。現在、花茶の代表にジャスミン茶があります。開花時の早朝に摘んだ花に茶葉を重ねることを3度も繰り返し、手間をかけて香りを移します。すると花の姿はなくとも、熱水の中で香りが開くお茶ができるのです。

ジャスミンティのよい香りは、リゾットやスープなどの料理にも生かすことができます。茶と花、食材の風味の融合を楽しんで下さい。

「中国の花茶」の香りを生かすレシピ

作ってみよう

あさりのジャスミン玄米リゾット

材料(2人分)

にんにく …… 1/2かけ(みじん切りにする)
玉ねぎ …… 1/2個(みじん切りにする)
オリーブ油 …… 大さじ1
あさり …… 400g(砂出しをして洗う)
白ワイン …… 50㎖
ジャスミン茶 …… 400㎖
玄米ご飯 …… 400g
豆苗 …… 1/2パック(一口大に切る)
バター …… 20g
パルメザンチーズ …… 35g
塩 …… 適量

作り方

1. オリーブ油でにんにく、玉ねぎを炒め、あさり、白ワインを加え、ふたをして火を通す。あさりの口が開いたら取り出す。飾り以外は殻から身を外す。

2. ジャスミン茶と玄米ご飯を加え、混ぜながらちょうどいい濃度になるまで中火にかける。

3. 1、豆苗、バター、パルメザンチーズを加え、火から外し、塩で味を整え、飾りにとっておいたあさりと一緒に皿に盛る。

ジャスミン茶の高貴な風味を十分に楽しんで。
あさりの旨味を十分に感じられます。

3. 香りの抽出法

塩 ✕ 香り

　世界で生産される塩のうち 、海水から得る海水塩はそのうち3割、湖塩が1割、岩塩が6割程度です。湖塩や岩塩は、地殻変動や気候変化で陸に閉じ込められた大昔の海の塩分からできていますから、もとをたどれば塩は「海の賜物」ともいえましょう。

　古代の四大文明は大河の流域で生まれたと言われますが、人の生存に欠かせないもう一つのもの・塩がとれる塩湖や塩泉、乾燥した海辺に近いことも、文明成立の条件とでした。塩は、人の食に欠かせない最初の調味料だったのです。

　ここでは塩の機能と香りについて考えてみましょう。

香りで塩分の感じ方が変わる…？
塩の機能で食材の香りが変わる…？
なにやら深い、塩と香りの関係です

テーマ

「塩」の力で、甘い香りが生成する

桜の香りの変化を感じよう

使うもの

八重桜の花

※満開になる前の状態の花を選び、柄をつけたまま採集します。
汚れや異物があれば除いておきます。

・塩、適量
・小瓶等の容器

手 順

1. 八重桜の花を両手いっぱい程度集めます。
鼻を近づけてみましょう。ほのかに香りがありますが、弱い香りです。

2. 花をボールに入れて適量の塩を振り、全体にいきわたらせたら、かるく揉みます。
※桜の色を保ちたい場合は、梅酢かクエン酸を水に溶かしたものを足すようにします。

3. しんなりしてきたら、花を一つずつとり、花弁を閉じるような方向に整えて小
瓶に入れて重ねていきます。翌日には桜の塩漬けが出来上がります。

4. 湯呑に桜の塩漬けを一つ入れて白湯を足し、桜湯を作ります。

わかること

桜湯には生花とは違う香り・風味が感じられます。

★塩漬けした桜の葉、花には独特の甘くやさしいが香りがあります。この主成分は香り分子「ク
マリン」。生の花や葉の香りはあまり強くありませんが、塩漬けにすることで、浸透圧により
細胞のなかの液胞が壊れ、酵素の働きで「桜らしい香り」が生成されます。こうして「桜らしい
香り」を料理に生かすことができます。

塩づかいで、食材の香りは変わるの？

塩の機能性が、食材の香りの変化に
関わります

＜塩とは＞

人の生存に欠かせない「塩」。塩化ナトリウムをはじめとしたミネラルを含む調味料です。人の体の60～70%は水分で、その約1/3が細胞体液ですが、この細胞体液のナトリウムイオン濃度は約0.9%。そして私たちがおいしいと感じる料理の塩味は、汁物では塩分0.8～0.9%、煮物は1%程度が目安とされています。

塩は味覚に塩味を与える調味料としての役割以外にも、調理において以下のような重要な機能性を持っています。その中には、食品の香り・風味に関わるものもあるのです。

体感実習では、②の浸透圧を利用して、桜の花のなかの細胞を壊し、反応を起こすことで、新しい香り分子を生成させていました。

＜塩の機能と食物の香り＞

① 微生物の繁殖を抑える
・生鮮食品の保存性を高める
・発酵食品の製造時に雑菌の繁殖を抑える
→ 異臭の発生を防ぐ

② 浸透圧により野菜から水分を引き出す
・塩もみの調理工程が有効になる
→ 塩もみにより食材の香りが変化する

③ 小麦のグルテン生成を促す
→ パンなど、加工された食品のテクスチャーの変化により、香り立ちが変化する

その他、塩水の酵素阻害の働きにより、りんごの褐変を防ぐ、タンパク質の凝固を早めるなどの働きがあります。

---

column

塩の歴史エピソード　英勝院と塩

お梶の方（英勝院）は、徳川家康の側室で五女市姫の母であり、水戸徳川家の祖・頼房の養母として知られる人物でした。彼女の洞察力をあらわす逸話に、料理と塩分についての発言が残っています。

ある日のこと、家康は、大久保忠世や本多正信ら家臣と昔の合戦を思い出しながら語らっていました。ふと家康は皆に「この世で一番、おいしいものは何か」と尋ねた。家臣たちがさまざまに答える中、側にいたお梶の方にも問うたところ、彼女は「それは塩です。塩がなければどのような料理も味を調えられず、おいしくできません」と答えた。さらに家康が「では、一番まずいものは何か」と尋ねると、「それも塩です。どんなにおいしいものでも、塩を入れすぎたら、食べることができません」と答えた。家康はこれを聞き、「もし男子であったなら良い大将として活躍したのに、惜しいことだ」と嘆いたと言われます（『故老諸談』より）。

塩味と他の味は影響しあう？

対比作用に、抑制作用も。塩の追加は、
味を見てから少しずつ。

　塩味は、五味（甘味・塩味・酸味・苦味・うま味）のなかの他の味覚との相互作用を持っています。塩の加えた時の料理の味の変化は、単純な量の増減では計算できないところがあるのです。

　主な相互作用は、対比作用（異なった味を同時に味わった時に、一方が他方を引き立たせる）と、抑制作用（異なった味を同時に味わった時に、一方あるいは両方の味が弱まる）です。そのため、塩味が感じられない、ごく少量の塩を加えても、「隠し味」として働くこともあります。

＜塩味と他の味覚の相互作用＞
① 甘味への影響
甘味は少量の塩味が加わると、増強する。
例）お汁粉に少量の塩を入れると甘味が引き立つ（対比作用）。
② 苦味への影響
苦味は少量の塩味により抑制される（抑制作用）。
例）苦味の強い夏みかんなどに塩を少しふると苦味が抑えられる。

③ 酸味への影響
ごく少量の塩味で酸味が増強されるが、それ以上の塩味が加わると抑制される。
例）すし酢に塩が加わるとまろやかになる。
④ うま味への影響
うま味に少量の塩が加わるとうま味が増す。
例）だし汁に少量の塩を入れるとうま味が引き立つ。

　また、うま味は塩味を抑制します。例えば、しょうゆの塩分濃度は17%で、この濃度の食塩水は、通常では舐められないほど塩辛いですが、旨味があるので、それほど塩辛くは感じません。塩分量を控えている方は、留意したほうがよいでしょう。

　さらに、味覚の相互作用では、双方の味覚の濃度のバランスが重要になります。
　例えば、甘味と塩味の相互作用などについても、もともと甘味が強め（ショ糖の濃度が高い）の場合には、塩味添加による影響が鋭敏になるので、甘味を引き立てるのに最適な塩の量は低下します。また味覚の五味の間だけでなく、香り（風味）と塩味の相互関係も明らかになっています。次頁で見ていきましょう。

五味が、
すべて影響し合っているのですね。
バランスが大切なのです…

Q 香りで「減塩」できますか?

塩味を強めてくれる香りがあります。
おいしく減塩できそうです。

＜香りと減塩の工夫＞

香り（嗅覚刺激）によって味覚の強さが変わるということは、以前から知られていました。生活習慣病予防などの目的で、食事のおいしさを保ちながら塩分を減らす工夫が求められる中、"香り"を使った具体的な減塩の仕方も検討されています。

例えば17種のハーブ｛アニス、バジル、セロリ、クミン、ジャーマンカモミール、ジンジャー、レモングラス、メース、ウーロン茶、オレガノ、パプリカ、パセリ、ペパーミント、しそ、ケシの実、マイカイカ（ハマナス花）、柚子の皮｝を使い、塩味の増強について調べた研究では、バジル、セロリ、ジャーマンカモミール、ウーロン茶、オレガノ、パプリカの6種に、塩味を強める可能性がある、とされています。特に、ウーロン茶としそについては、塩味の質が良くなった(すっきり感、まろやか、キレがある)という評価が得られました。塩味との相互関係は、香りの種類ごとに異なると考えられています。[1]、[2]

＜塩味と嗅覚の不思議＞

食物に対する人の風味の感じ方を考える時には、第1章でみたように、嗅覚に二つの経路があることを思い出さなければならないでしょう。

鼻先からくるオルソネイザル嗅覚（鼻先香）と口内や喉ごしからくるレトロネイザル嗅覚（口中香）です。

日常の経験として、私たちは味覚と嗅覚が合わさった食物の風味を、広い意味での「あじ」と捉えています。口の中の食物から感じる塩味・甘味などの味覚と、同時にその食物が口内や喉元で発散している香りを、脳は一つの情報としてまとめて、受け取っているのです。

"しょうゆの香りが塩味を強める"ことを示した研究のなかで、嗅覚の2つの経路の違いに着目した、興味深いものがあります[3]。

鼻先香は主に「吸気（吸う息）」の時に感じる嗅覚、口中香は「呼気（吸う息）」の時に感じる嗅覚です。この研究によると、呼気とともに感じる醤油の香りによって塩味が強められ、吸気とともに感じる醤油の香りでは、塩味は強められなかった、というのです。香り分子が外からやってくるのか、体内（口内）からやってくるのか。2つの経路で知覚に違いがあると考えられるのです。味覚と嗅覚が融合した「風味」の謎は、まだ多くあります。今後も新たな手法によって、研究がなされるでしょう。

※1 この実験は、ハーブ類を一晩水につけた抽出物と塩味を口に含んだ時の官能評価(実際に人が味わって判断)を基に検討したものです。ハーブ類の"香り（嗅覚刺激)"が働いたという言及は特にしておらず、「香辛料の使用」という表現になっています。

※2 『香辛料の塩味への影響および減塩食への応用の可能性』佐々木公子ほか、美作大学・美作短期大学部紀要Vol.63(2018)

※3 『呼吸と連動した醤油の匂い提示による塩味増強効果』角谷雄哉ほか、日本バーチャルリアリティ学会論文誌　Vol.24,No1(2019)

味と香りの関係…
面白いですね…

漬物の香り、食欲が湧きます

塩の力で雑菌を抑制。乳酸菌が
おいしい香りを作ります

　野菜を塩漬けにすることで、かさを減らし、保存性を高め、独特の香り・風味を醸す。漬物作りの知恵は、日本の各地域の郷土料理の中に受け継がれています。

＜日本の塩＞
　日本では岩塩は採れないので、古代から海の塩が使用されてきました。万葉集にも、「藻塩」という言葉がみられます。海藻に海水をかけて干すことで塩分を凝縮し、これを焼いた灰塩に海水を加え、煮詰めてとった塩のことです。あるいは、海藻の塩分を海水で洗い取ってかん水を作り、煮詰める方法もあったといわれます。一説に、漬物作りに藻塩が使われる以前には、人々は直接海水を野菜に漬けて干す作業を繰り返すことで、漬物の原型を作っていたともいわれます。

＜乳酸菌が作る香り＞
　漬物には、塩分が少なく保存期間の短い浅漬け類や、らっきょう漬けのような調味漬類、また高菜漬けや糠漬けのような発酵漬物があります。
　発酵漬物は、雑菌の繁殖しにくい5〜10％程度の塩分で長期間漬け込むもので、乳酸菌が働くことで食欲をそそる香り・風味が形成され、保存

状態も良好に保たれるようにしています。

＜高菜の香り分子が活躍？＞
　発酵漬物の一つの高菜漬けでは、原料植物由来の香り分子が、漬物のおいしさの維持に役立っています。高菜は主に九州地方で生産されるアブラナ科の植物で、アリルイソチオシアネートを含んでいます。ワサビやからしと共通する、鼻にツンとくる揮発性の香気成分・辛味成分です。この物質は、都合のよいことに、空気中で他の微生物の生育を強く抑制しますが、乳酸菌に対しては弱くしか働きません。
　九州の名産品のおいしさの背景には、塩と乳酸菌の働き、そしてそれを支える植物の香り分子の力があったのです。

高菜漬けでは、はワサビやからしと共通する揮発性の香り分子が、漬物のおいしさにつながっている。

香り塩を使ってみよう

塩×香りの自家製調味料で、
シンプルな料理も印象的に。

　1997年、日本で92年間続いた塩専売制度が廃止され、塩の製造・輸入・流通にわたる自由な市場が生まれました。現在では、海外産の珍しい岩塩や国内各地の海辺で作られた海塩など多様な"塩"が販売されています。それぞれの差異はどこにあるのでしょうか。

　味の違いは主に塩の粒の大きさ、形状によるものです。また塩化ナトリウム以外のミネラルや不純物の混入具合でも変わるといわれます。

　塩の選択肢が増えたことで、料理に使われる調味料としての塩への関心が高まり、香りの要素を付加した塩も注目されています。ハーブやスパイスとブレンドした塩、ワインと煮詰め風味をつけたワイン塩、昆布塩、レモン塩、燻製塩などが市販されています。いつものメニューも、香り塩でさまざまなアレンジ可能です。

　家庭で香り塩を作る時は、少量ずつを心がけ、香りが揮散しないうちに早めに使い切るようにしましょう。

＜香りのアレンジ＞

　中国の広い範囲で使われる花椒塩。春巻きなどの揚げ物に添えられるなど、卓上調味料として使用されます。八角塩はスイーツの隠し味としても。香り塩の作り方は2通りあります。スパイスをパウダー状にして塩とブレンドする方法と、塩とスパイスを一緒に密閉して香りをほのかに移して作る方法です。

Recipie 1
花椒塩
材料／塩20ｇ、花椒（赤い果皮の部分のみ）大さじ1
作り方／塩を軽く煎り、すり鉢で粉にした花椒と合わせる。

Recipie 2
八角塩
材料／塩20ｇ、八角（パウダー）大さじ1
作り方／塩を軽く煎り、八角と合わせる。

「香り塩」を使って香りを加えるすレシピ

作って
みよう

クリームチーズと
金華ハムのカナッペ

材料(4人分)
クリームチーズ …… 125g
金華ハム …… 60g(みじん切りにする)
あさつき …… 適量
オリーブ油 …… 適量
バゲット …… 適量(スライスしてトーストする)
花椒塩(上記参照) …… 適量

作り方
1. クリームチーズを滑らかに練り、刻んだ金華ハムを混ぜる。
2. バゲットに塗り、あさつき、オリーブ油、花椒塩をかける。

気軽に作れるお洒落なおつまみ。
花椒塩の香りがパンとチーズの甘味を引き立てます。

甘味料 ✕ 香り

　砂糖、はちみつ、メープルシロップ、パームシロップ、アガベシロップ……、人類は甘味を求めて、素材を探し、栽培法や採取法を工夫してきました。甘味料の中心は単糖類や二糖類。それ自体に香りはありませんが、加熱により生じる香りは広く食に生かされています。

　本章では、いくつかの甘味料に着目し、それぞれの特徴をとらえながら、香りと甘みについて考えてみましょう。

「甘い香り」とはよく言うけれど、
砂糖に香りはありません
でも、甘さを強める香りはあるし、
熱した砂糖は、香りを放つのです

体感実習 ⑩

実習テーマ

砂糖の加熱で香りが生まれる

カラメル化反応が作るおいしさを感じよう

使うもの

グラニュー糖　大さじ4

水　大さじ3

小鍋

手順

1. まず砂糖の香りを嗅いでみます。
　　砂糖自体に香りはないことがわかります。

2. 小鍋に水と砂糖を入れ、弱火にかけます。
　　かき混ぜずに、ゆすりながら加熱しましょう

3. 水分が沸騰し気泡が出て、全体が褐色に色づいてきます。
　　甘い香りが漂います。

4. 160～185℃でカラメルソースの状態になります。
　　最後に少量湯を加え調整します。
　　加熱しすぎると粘りが出て黒化するので注意して下さい。

5. 冷めてから、ひとさじすくって口に含んでみます。

わかること

　香りだけでなく、味もほろ苦く変化しています。
　香りと味の両方の変化で、砂糖とはまったく別の風味となります。

★　プリンやパンケーキのアクセントとなるカラメルソース。香りのない砂糖も、加熱することでカラメル化反応を起こして複雑な香り・風味をもつようになります。P107で、カラメル化反応について詳しく見てみましょう。

甘味を強める香りはあるの？

バニラやシナモン、アニス……香りと
甘味の相互作用がわかっています

<生まれつき好むのは「甘味」>

甘味は、味覚の五味の中でも、人が生まれなが
らに好む味と言われます。

新生児の味に対する反応を調べるため、塩味や
酸味、苦味、甘味に対する表情を撮影した実験で
は、出生後1〜2時間の新生児も、甘味には笑顔
で応えたのです。人がこのような本能的な好みを
持つ理由、それは糖が生存に必要なエネルギーを
与えてくれるため、生理的なおいしさを感じるの
だと考えられています[1]。

人に笑顔を与えてくれる甘味、この感覚を強める
ような香りはあるのでしょうか。

<香りが強める甘味>

バニラ、シナモン、アニス、八角などのスパイ
ス溶液に、5%の砂糖を加えたものは、砂糖水よ
り甘味の感覚が強めたられたという研究がありま
す。少し料理の糖分を控えたいなという時、これ
らのスパイスを利用することで、砂糖の量を控え

る工夫ができそうです[2]。

また、別の研究では、アニス、セロリ、レモン
グラス、メース、ウーロン茶、ポピーシードが、
甘味を強めたという結果が得られています[3]。

<甘味が影響する香りの感覚>

反対に、甘みが香りに影響することも明らかに
なっています。バナナのような香りの「酢酸イソ
アミル」を使った実験では、口の中で感じるフルー
ティな風味の強さには、ショ糖の甘味、味覚が
影響していることがわかっています。おそらく
私たちは、「甘くないバナナ」を経験したことが
ないため、香りを感じると同時に甘味を感じなけ
れば、「バナナの香り」を想起しにくいのでしょう。
人が感じる"風味"は、嗅覚と味覚の相互作用の
バランスによりもたらされているのです。

※1 しかし、甘味を持つ物質が必ずしも人体に栄養になるとは
限らない。甘味物質の中には毒性のあるものもある。過去の甘味
料開発ではその点に留意されてきた。

※2 『スパイスの各種調理における甘味の増強効果』石井克枝ほ
か、一般社団法人日本家政学会研究発表要旨集57回大会

※3 『香辛料の食品成分が味覚に及ぼす影響について』佐々木公子
ほか、美作大学・美作大学短期大学部紀要Vol.60(2015)

表1　砂糖水の加熱による形状と香りの変化

温度	状態	用途
103℃〜105℃	鍋底から大小の丸い泡が立つ。無色透明で水にもよく溶ける。	シロップ煮や飲料に添加など。
107℃〜115℃	泡が多くなる。冷めるとわずかに糸をひく。急冷したものはやわらかい。	急冷し攪拌すると、すり蜜、フォンダンに。
140℃	粘りが強くなる。急冷すると固く、指さきで丸めにくい。	タフィー、キャンディーなどに。
145℃	粘り気のある細い泡。冷めるとガラス状に。	ドロップに。
165℃	全体に淡黄色がつく。冷めると固いアメ状。	鼈甲あめに。
165℃〜180℃	淡褐色でよい香り。粘りが減る。	カラメルソースに。
190℃〜200℃	焦げ臭をもつ煙が出る。黒褐色になる。	着色用カラメルに。

砂糖に水を入れて加熱すると、温度により形状や香りが大きく変化する。菓子作りでは、この性質を生かした調理が行われる。

Q 砂糖に香りはあるの？

加熱すると、カラメル化反応で
香りが生成します。

<カラメル化反応で香りの生成>

　体感実習⑨（⇒P105参照）でみたように、砂糖（ショ糖）自体には香りはありません。しかし、砂糖を加熱し始めると、単一種の分子が壊れ、そこから何百種類もの香り物質が生まれるのは、本当に不思議なことです。香りが変わり、苦味や酸味が生じ、色が褐変するこの化学反応を「カラメル化」といいます。

　甘い香りの「マルトール」「イソマルトール」のほか、焦げたような甘い香りの「ソロトン」、フルーツのような香りの「エステル類」や「ラクトン類」、花のような香り、バターのような香りの「ジアセチル」などが生成され、複雑な香りとなります。

　また他のアミノ酸を含む食材や調味料と加熱された場合は、カラメル化に加え、メイラード反応（⇒P46参照）も起こり、硫黄や窒素を含んだ香りも加わってきます。

　表1に加熱時の温度の上昇と砂糖の状態をまとめました。温度が上がるにつれ、シロップ状、あめ状、カラメル状と変化していきます。それぞれの状態が、料理や菓子作りの風味付けや色付けのために利用されます。

<黒糖の香り>

　砂糖の仲間は、含蜜糖と分蜜糖に分類されます。代表的な含蜜糖は黒糖です。含蜜糖は甘蔗の絞り汁を、不純物除去などの後、そのまま濃縮・冷却したもので、ショ糖は8割程度、分蜜糖に比べミネラルが多く、その分苦味や渋味があります。

　日本で最初に輸入品でない砂糖が作られたのは、琉球王朝だという説があり、1623年に中国の福建に使者を派遣して製糖法を学ばせ、黒糖を作ったといわれます。黒糖の香りや色は生産される場所(品種や生育環境)によって異なりますが、黒糖の香気成分の一般的な特徴はピラジン類やフェノール類で、独特の香ばしさと甘味の合わさった風味です。

---

column

氷砂糖と梅酒の風味

　6月になると毎年自家製の梅酒を作る方も多いでしょう。

　材料は、焼酎と青梅と氷砂糖。それが梅酒作りのスタンダードですが、なぜグラニュー糖や上白糖でなく氷砂糖を使うのでしょうか。風味豊かな梅酒作りのポイントは、梅に含まれた香り分子をしっかりとアルコールに浸出させること。漬け始めには、まず浸透圧の高い梅の実にアルコールが浸透し、香り分子を捉えます。一方、梅の周りの焼酎は、溶けた氷砂糖で徐々に糖度が高まっていきます。梅の外皮を境に、外側の方が浸透圧が高くなれば、梅の香りを含んだアルコールが外皮の外にしみ出てきます。

　溶けるのに時間がかかる氷砂糖、梅の香りの抽出に、一役買っていたのですね。

砂糖を使ってみよう

フルーツや花の風味を砂糖の力で
閉じ込めます。

砂糖とは、ショ糖（ブドウ糖と果糖が結合した
二糖類）を中心とする甘味料の通称です。グラニ
ュー糖で99.95%、上白糖で97.8%のショ糖が含ま
れています。

単糖類の果糖は甘味が強いため、ショ糖が分解
した転化糖の方が、甘味は強く感じられます。シ
ョ糖の甘味は、感じられるまでに少し時間がかか
りますが、比較的持続性があります。一方、果糖
はすぐに甘味が感じられますが持続性が低いとい
う違いがあります。なお、「砂糖のような甘い香
り」という表現がありますが、ショ糖自体に香り
はありません。

ショ糖は多くの植物に含まれますが、調味料と
しての砂糖を取り出せる植物は限られています。
イネ科の多年草サトウキビ（甘蔗）やビート（甜
菜）がその代表です。搾り汁を煮詰めて得られる

原料糖から、各工程を経て製造されます。

＜砂糖の機能＞

ショ糖は、甘味を与える働き以外にも、調理上
のさまざまな機能を持ちます。水分を含む性質が
あるため、①微生物の繁殖を抑え保存性を高める、
②メレンゲや生クリーム等の泡を安定化させる、
③でんぷんの老化を抑える、④肉をやわらかくす
る、⑤食材の香気成分を保つ、などの働きをします。

＜花や果実の砂糖漬け＞

香り高い花や果実の砂糖漬けは、保存性の向上
と風味の楽しみ、食感の面白さから各国で作られ
てきました。特にすみれの砂糖漬けは、19世紀オ
ーストリア皇妃エリザベートが愛したという逸話
で知られています。

作り方は、高濃度の砂糖シロップで煮て乾燥さ
せるか、卵白とグラニュー糖を用いた方法になり
ます。後者の場合、卵白は砂糖の付着だけでなく、
抗菌の役目も果たしています。

「砂糖」で香りを保つレシピ

作って
みよう

マスカットの砂糖づけ

材料

マスカット …… 適量
卵白 …… 卵1個分
グラニュー糖 …… 適量
シャンパン …… 適量

作り方

1. マスカットに卵白をくぐらせ、砂糖をまぶし、
網の上で砂糖がパリッとなるまで乾燥させる。扇
風機やサーキュレーターで風を当てると比較的早
くできる。

※そのまま菓子として食すほか、シャンパンに入れ
ても楽しめる。

一粒のマスカットで、フルーツの香りが口いっぱいに。
ジューシーでさわやかなおやつです。

砂糖の甘味の伝播

　紀元1世紀のこと。アレキサンダー大王が東方遠征でインドに到達した際、家来から「蜂の力をかりずに、葦から取れる蜜がある」と報告を受けたのが、ヨーロッパが最初に出会った「砂糖」だったといわれます。

　数千年前、太平洋の島々から伝播が始まったと考えられるサトウキビは、インドではすでに、甘味料として利用されていたのです。ローマの薬学者ディオスコリデスは、インドにある砂糖について、塩のようにジャリジャリとした「一種の結晶化されたはちみつ」と例えています。当時のヨーロッパでは、はちみつが一般的な甘味料でした。野生のミツバチの巣からの採蜜は、有史以前からあったでしょうし、古代エジプトの養蜂技術は古代ギリシア・ローマへも伝わっていました。

　いまやヨーロッパの菓子文化に欠かせない砂糖ですが、一般に用いられるようになったのは中世の半ば以降。当初砂糖はアラブからアレクサンドリアを経由し、ヴェネチアの貿易で香辛料とともにもたらされた薬でした。その後甘味料としての砂糖の人気は各地へと広まっていきます。1287年のイギリス王宮では、年間に白砂糖を300kg、スミレ砂糖を140 kg、バラ砂糖を860 kg使用していたといいます。

　イタリアでは、15世紀になると買い付けたサトウキビから製糖する施設が現れ、上流階級だけでなく一般の食卓でも多用されました。このころには製菓の技術・芸術性も洗練されます。

　16世紀には、ヨーロッパの国の植民地支配によるプランテーション農園でサトウキビ栽培が始まり、次第に多量の砂糖が消費されるようになります。 18世紀ヨーロッパでの爆発的な砂糖消費の背景には、植民地支配での奴隷制度があったのです。

　　　　　　　　　　＊

　日本に砂糖が伝わったのは奈良時代8世紀。それまでは甘味といえば果物などが主でした。その後15世紀頃には、茶の湯の発達から和菓子が発達します。16世紀の南蛮貿易の時代になると、カステラなどの、砂糖が多く使われたヨーロッパの菓子が伝来することになります。

サトウキビは数千年前より太平洋の島々で使用されてきた、砂糖の原料となる農作物。

はちみつの香りの正体は？

**はちみつの香りはミツバチが採蜜する
お花の香りでできています。**

古代エジプトでは王家の紋章にもなったミツバチ。遺跡レクミレの墓には、古代から養蜂が行われたことを示す絵が残されています。

はちみつは、高濃度に糖分が含まれ、保存性が高く風味豊かな食品です。ビタミン、ミネラル、ポリフェノールなど微量成分を含むこともあり、長く薬として位置付けられてきました。野に咲く花の蜜を「はちみつ」に加工するのは、人ではなく小さなミツバチたちです。現在のようなミツバチが地球上に現れたのは500万年ほど前だといわれています。

< ミツバチのはちみつ作り >

ミツバチについては、いくつかの珍しい生態が紹介されていますが、はちみつ作りも非常に組織化されており興味深いものです。

天然の花蜜の糖度は7〜70％。花に飛んできたミツバチたちは、まず運搬可能な範囲で水気の少ない高糖度のものを選び、自分の体内の花蜜専用の「蜜胃」器官に収めて、巣に持ち帰ります。1匹が1日に25往復して持ち帰る花蜜は0.06ｇといわれます。

巣の中では、はちみつ貯蔵を担当する"品質管理係"たちが待ち構えています。この内勤のミツバチも、外から運びこまれた花蜜をまず自分の「蜜胃」に預かるのです。（面白いことに、運びこまれた花蜜が低品質の場合、品質管理係のミツバチは、外勤のミツバチから花蜜を受け取りません。外勤の蜂は困り果てウロウロし、経験の浅い、品質の違いがわからない者を見つけて、受け取って

もらう行動をとるという）。

花蜜を受け取った内勤のミツバチは、その後水分を蒸発させる動作を繰り返し、糖度が50％を超えるほどに高まると、巣房に貯蔵します。巣の中央は35℃で、ミツバチたちの羽ばたきによる換気などを経て、最終的に糖度約80％のはちみつができます。すると、ミツバチは体内からワックス（みつろう）を出して薄くのばし、水分が入らぬように巣房ふたがけをして仕上げるのです。

< はちみつの香り、花の香り >

はちみつの甘い香りは人々に好まれますが、その香りは何に由来するのでしょうか。ミツバチが花蜜を加工する工程で、蜂由来の香り分子が付与されているのでしょうか。

外部からの香りの混入がない状況を作り、花蜜でなくショ糖溶液を蜂に吸わせる実験を行った機関があります。その結果、できたはちみつに含まれる香り分子は、用意したショ糖溶液と変わりませんでした。ミツバチ自身が新しく付与する香りは無いとわかったのです。それぞれのはちみつの香りの個性は、花蜜と花粉に由来するものだけで決まるのです。

はちみつの香りには、一般に、カラメルのような香りやバニラのような香り、フルーティな香り、花のような香り、バター臭が含まれますが、花蜜の原料植物の違いにより、香りには幅があります。花蜜を得る植物は世界に300種以上といわれ、レンゲやナタネ、アカシア、トチの木、菩提樹などのほか、特に香りが珍重されるものとして、柑橘系やラベンダーがあります。また色が濃く多少焦げたような香りの栗や蕎麦の花蜜には、タンパク質が含まれ、はちみつの香りに影響を与えていると考えられています。

メープルシロップを使ってみよう

サトウカエデの樹液を加熱する工程で独特の複雑な香りに。

　メープルシロップは，カエデ科の植物のサトウカエデ（Acer saccharum）などの樹液を，長時間煮詰めて作られる甘味料です。北米では古くから用いられ，アメリカの先住民族の食生活で重要な位置をしめていました。1Lのメープルシロップを得るために40Lの樹液が必要となります。果糖やブドウ糖の多いはちみつとは異なり，ショ糖が多く含まれています。

　樹液を煮詰める工程でカラメル化やメイラード反応が起こるため，樹液に由来するバニラのような甘い香り「バニリン」や花のような香りの「シリンガアルデヒド」に加えて，甘い焦げ臭の「フルフラール」や「ソロトン」を含んだ複雑な香気を持ちます。なお，メープル糖とは，このシロップをさらに濃縮させ糖を結晶化させたものです。

＜香りのアレンジ＞

メープルシロップの生産量世界一のカナダでは，トッピング用のほか，料理の調味料としても用いられています。スパイシーで辛味のある生姜と合わせ活用の幅を広げましょう。

Recipie 1

ジンジャーメープルシロップ

材料／メープルシロップ 180mℓ、しょうが（スライス）1/2 片

作り方／すべての材料を瓶に入れ、1週間ほどおく。パンケーキやワッフルのトッピングに。湯で溶いてホットドリンクに、肉料理のソース作りに、ドレッシングなどに。

※ショ糖の割合の多いメープルシロップは、酸を合わせて加熱すると、ブドウ糖と果糖に転化し、調理面では、カラメル化だけでなく、メイラード反応(p.46参照)が起こりやすくなる。酢と一緒に加熱することで、肉料理に合う風味がより豊かなソースに。

「メープルシロップ」の香りを生かすレシピ

 作ってみよう

ポークソテー
メープルジンジャーソース

材料(2人分)

豚肩ロース …… 2枚(約160g/枚)
塩 …… 小さじ2/3
黒こしょう …… 少々
玉ねぎ …… 小1個(厚さ2cmの輪切りにする)
トレビス …… 1/2個(半分に切る)
オリーブ油 …… 大さじ1+1/2

メープルジンジャーソースの材料

メープルジンジャーシロップ(上記参照) …… 50mℓ
白ワインビネガー …… 50mℓ
バター …… 6g
塩 …… 少々

作り方

1. 豚肩ロースに塩、黒こしょうをふり、オリーブ油大さじ1をひいたフライパンで焼き、網の上に取り出し、アルミホイルをかけておく。
2. メープルジンジャーソースを作る。**1**のフライパンにメープルジンジャーシロップと白ワインビネガーを加え、濃度が出るまで煮詰め、バターを溶かし込み、塩で味をととのえる。
3. フライパンにオリーブ油大さじ1/2をひき、玉ねぎ、トレビスをじっくり炒める。皿に**1**と一緒に盛りつけ、**2**をかける。

メープルシロップの奥深い風味とスパイシーな生姜の
マリアージュ。ポークソテーにぴったりのソースです。

4. 香りの文化学

木 ✕ 香り

　樹木は私たちの生活を多面的に支えてくれています。木の樹幹の細胞壁は、主にセルロースやヘミセルロース、リグニンで構成され、これらは難消化性のため食材にはなりませんが、食物の調理や醸造の過程、また食事の場面で、重要な役割を果たしてきました。
香りの付与もその役割の一つです。幹や枝だけでなく、葉や実も、食生活に豊かな香りを与えてくれました。
　本章では、食文化の中の木の利用と香りの関係について見ていきましょう。

心安らぐ木の香り。
食文化のなかでも、
大切な役割を果たしてきました

Q 木の香りはどう利用されてきたの？

調理用具や食具、食器、食材の香りとして、古くから利用されてきました。

＜調理用具と木の香り＞

桧や杉、松、朴、楠やクロモジなど、日本では香りのする木を生活のなかで生かして来ました。厨房のなかでも、木製の調理用具や食器、食具などが、ほのかな香りと抗菌作用を持つものとして重宝されてきました。

調理時に欠かせない木製の用具といえば、俎板がまず思い浮かぶでしょう。俎板の記録は奈良時代にまで遡り、室町時代には料理人は四つ足つきの俎板で魚を調理していました。

俎板をつくる木の種類としては、ヒノキや朴、桐、イチョウ、桂などが知られています。特にヒノキは、質感や硬さ、耐久性、色味などが優れるほか、α-ピネンやカジノールのような香り分子の働きにより清々しい香りと抗菌作用を持つことで、料理人に愛用されてきました。

また蒸し料理につかう蒸篭も、ヒノキや杉、竹で作られることが多いです。杉製のものでは、加熱調理がはじまると杉の香りが強く漂います。

さらに、器として木が好まれることもあります。酒器ではガラス製や陶製が一般的ですが、日本では清酒を木の器、ヒノキの桝で頂くことがあります。ヒノキの香りとともに味わう清酒は、他にはない特別の風味を与えてくれます。

＜葉や芽をつかう知恵＞

木の葉の香りや抗菌作用を利用した伝統的な料理は各地に受け継がれています。

＊ 朴葉味噌 ＊

木の葉の香りを料理に生かす郷土料理の例に岐阜の「朴葉味噌」があります。

朴の木はモクレン科の落葉樹で、日本全国の山地や平地に育ち、20～40cmほどもある大きく丈夫な葉をつけます。香りがあり、おにぎりや総菜など食品をくるむ包材として使われてきました。朴葉寿司や朴葉餅に使われたのは、防腐の働きのためでしょう。

朴葉味噌には、落葉した乾燥葉を使います。刻んだねぎと味噌を葉の上にのせて網の上で弱火で焼くと、葉のよい香りが食欲をそそり、米飯がすすみます（乾燥葉は調理前に数分水につけて、その後表面の水分をふきとって使用）。

＊ 柏餅 ＊

「『葉で包んである和菓子』と聞いて何を思い浮かべるか」と、関東の大学生に質問したある調査では、「柏餅」との回答が最も多く、端午の節句に食べる和菓子として、よく知られていたそうです。カシワはブナ科の落葉低木でよい香りの葉をもちます。柏餅では、軽く茹でた若葉の水気を切り、上新粉で作った餅を包んで蒸します。日本では古くから、酒盃や飯をもる食器として使用された葉で、カシワの語源は「炊葉（かしいは）」といわれます。

＊タラの木の芽 ＊

タラノキは高さ2～6mのウコギ科の落葉広葉樹。山野に自生し、春から初夏に出る新芽には独特の風味があります。山菜として人気があり、天ぷらや茹でて胡麻和えになります。

杉板を使ってみよう

木を調理道具に。今に受け継がれる、木の香を楽しむアイデア。

<杉板焼きの伝統>

木が持つ"良い香り"を、調理用具として生かす方法があります。金属製の鍋やフライパンの代わりに、木のうえで調理するのです。日本料理の歴史の中には、「板焼き」「杉焼き」「杉板焼き」「へぎ焼き」などの名で受け継がれてきた、杉板に食材をのせて加熱する焼きの調理法が見られます。

江戸時代の代表的な料理書、『料理物語』(1643年)では、簡潔・具体的な記述で、当時の一般的な食材や調理法が記されています。「焼物」の章には、"へぎやき"の記載があり、「杉のへぎにて一枚ならびにをき焼く事也」と、説明されています。その後の『万宝料理秘密箱』(1785年)の「卵百珍」の巻でも、「杉焼卵」のほか、調理法として杉焼きが取り入れられたレシピが見られます。杉の板の上で焼く料理は、室町時代の記録にも確認されています。

<現代の杉板焼き>

現代では、杉板焼きといえば「魚肉や貝、野菜などを杉板にはさんだり杉箱に詰めたりして焼いて、杉の木の香りを移した風味のよい焼きもの」と説明されます。身近な木片を生かして、食材や調味料に香りを付与する調理法は、時代を超えて受け継がれているのです。

ところで、最近ではウッドプランク(木板)を使ったバーベキューが人気です。下味をつけた鶏肉や魚を杉板などの板にのせ、火にかけます。下記のレシピで紹介する、木の香りを満喫できる野趣に富んだ料理は、バーベキューのメインディッシュにもふさわしい「杉焼き」です。

「杉板」の香りを生かすレシピ

 作ってみよう

サーモンの杉板焼き

材料(6人分)
サーモン(皮付き) …… 800g(骨を抜く)
塩 …… 10g
レモン ……1個(半分に切る)
炭 …… 適量

作り方

1. サーモンに塩をふり、手でなじませる。
2. 水を吸わせた杉板にサーモンをのせて、火をおこしたグリルにのせ、ふたをする。中火で一緒にレモンもグリルする。サーモンに火が通れば出来上がり。

現代版の杉板焼きにチャレンジ。
杉の香りと共に味わうサーモンは一味違います。

Q 木の香りを生かしたお酒はありますか?

世界の名酒の製造に、オークや杉など木の香りが生かされています。

<オーク樽>

世界の名酒の製造工程をみると、発酵や蒸留の後の熟成段階で、香りを一層豊かにする工夫がみられます。経年による成分変化のほかに影響が大きい要素は、容器である木樽からの香りの移行です。

ワインやブランデー、ウイスキー（⇒P72参照）でも、木樽での熟成工程は欠かせません。一般にヨーロッパではワインや蒸留酒の熟成にオーク材（ナラ材）の樽が使われます。新樽か中古の樽か、また使用前に内部を焼くかどうかなどの判断が、香りを左右します。新樽であれば、はっきりとした木の香りが酒に移るでしょう。また木材を焼くと、新しい香り分子の生成が促されることもあります。

樹木の細胞壁のリグニンは、さまざまな分子が連結した、天然化合物の中でも複雑な構造をしています。リグニンを燃やすと、グアイヤコール（スモーキーな薬品調）やバニリン（バニラのような甘い香り）やイソオイゲノール（スパイシーな香り）が生成するのです。

<吉野杉の樽>

江戸時代の日本では、酒はすべて杉や檜の樽に貯蔵される樽酒でした。江戸時代の後半になるまで、江戸で飲まれる酒は、上方の酒処から5〜10日をかけて下ってきた「下り酒」でしたので、酒といえば樽の香りが移ったものが一般的だったのです。現代では出来上がった酒はガラス瓶で販売されることが多いですが、樽酒の風味も依然、好まれています。

樽材は産地や製材の方法によって香りが異なり、酒樽に最高のものは吉野杉で樹齢60〜90年の甲付き（外側が白太、中身が赤味）といわれます。

樽酒と、樽に入れる前の清酒の間には、どのような香りの違いがあるのでしょうか。15℃で2週間、清酒を杉樽に貯蔵した場合の香気成分を調べた実験があります。杉材由来のセスキテルペンの仲間、セスキテルペンアルコールの仲間が、樽酒には含まれていたことがわかりました。日数の長さや温度（4℃、15℃、30℃）の違いにより、香りの浸出度は異なりました。アルコール濃度が高いほど、香り分子が多く抽出されましたが、これは香り分子が水よりもアルコールに溶けやすいという性質（⇒P66参照）によるものでしょう。

<樽酒と料理>

俗に「うなぎには樽酒が合う」といわれますが、根拠はあるのでしょうか。また、"香り"の働きは関わっているのでしょうか。

樽酒の香りがうなぎの味を引き立てることを科学的に証明した実験は見いだせませんでしたが、樽酒と料理の相性について調べた研究で、樽酒は、脂っこさを緩和する働きを持つことが示されています[1]。マヨネーズを食べた後に、水、一般の酒、樽酒を飲んだ場合、口を一番さっぱりとさせるのは樽酒でした。これは、樽酒の方が脂と乳化しやすいためだと考察されています。油脂分の多い料理には、まずは樽酒を試してみるのはいかがでしょうか。

※1 『樽酒が食品由来の油脂や旨味に及ぼす影響』高尾佳史、醸協、第110巻第6号（2015）

世界の名酒作りにも木の香りは生かされているのですね

Q ワインの「栓の香り」、ワインの香りと関係ありますか?

「ない」とはいえません。栓の影響、
二つの例を見てみましょう。

<松脂の香りのワイン>

ワイン生産国といえば、現在ではフランスやイタリア、スペインがまず思い浮かびますが、ヨーロッパで最も早くワイン生産が伝えられたのはギリシアの地です。すでに紀元前1500年にはワイン製造が行われていました。

ギリシアには、古代から現在へと伝わる、木の香りを活かしたフレーバーワインがあります。松脂風味をつけた白ワイン「レツィーナ」です。古代ギリシアでは、ワインの貯蔵・運搬は「アンフォラ」と呼ばれる2つの柄のついた素焼きの壺で行われていました。その際に、松脂で封をしたのが、レツィーナの起源と言われています。ワインの栓の封の役割をした松脂は、意図せずしてワインに独特の風味を与えることになり、これが他にない魅力となったのです。現在では、レツィーナの製造工程でブドウの液に松脂を加えて、風味付けを行っています。

なお松脂の香りには、針葉樹系の香りの「α-ピネン」が多く含まれています。α-ピネンに関する研究では、この香りを90秒間嗅いだところ、自律神経活動に変化が見られ、リラックス効果がある可能性が示されています。特徴的な香りのレツィーナですが、人々はこの香りにどこか安らぎを感じてきたのかもしれません。

<コルクの加工と香り>

古代ギリシアから後の時代にも、ワイン栓とワインの香りの密接な関係は続きます。現代では、ワイン栓に使われるコルクの匂いが疑問視されることがあるのです。

古代ローマ以降のヨーロッパでは長く、樽がワインの保存と流通に使われました。木板から作られた樽は、移送には便利でしたが、酸化防止の観点からは難があるものでした。現在のような"ガラス瓶＋コルク栓"のスタイルが現れたのは、17～18世紀のこと。この革新により、風味を保ちながら、あるいは向上させながらワインを年単位で長期保存することが可能になりました。コルクは、コルク樫の樹皮から作られたものです。

しかし、このコルク栓に由来する香り分子が、ワインの質に悪影響をあたえることが知られるようになったのです。フランス語で「ブショネ (bouchonne)」と呼ばれるカビ臭の問題でした。原因は複数考えられています。以前は塩素処理が原因で、不快な臭いTCA（2,4,6-トリクロロアニソール）が生成したといわれていましたが、コルク樫そのものにTCAが見つかったという報告もあります。

TCAは閾値（⇒P29参照）が低いため、微量でも人が感じやすい物質です。またそれ自体が異臭であると同時に、嗅覚に影響して他の香りをマスキングしてしまうことがわかっています。コルクで栓をしたワインの1～5％にこの汚染があるといわれ、スクリューキャップへの移行を唱える人も少なくありません。TCA以外の原因も考えられ、様々な模索が行われています。

たしかに、木はワインの栓としても役立ってきました

Q クロモジって、どんな木ですか？

花のような芳香をもつ木。山の薬と
して、食具として、親しまれました。

<花のような香りの木>

クロモジ（黒文字）はクスノキ科の落葉低木で、北海道の一部から九州まで国内の産地に広く生息しています。

花のような甘い香りの枝。これは香り分子「リナロール」が多く含まれているためです。リナロールはラベンダーやスズランとも共通した成分です。『箸の民俗誌』（斎藤たま著）には、「山にはにおいを発する木も幾つかあるが、クロモジほど高い香りを放つのもないのではないかと思う」と記されています。

<クロモジの箸・薬・酒>

この枝は、日々の食具を作るのにも使われていました。クロモジの箸を使うと虫歯にならないという言い伝えは複数の地域に伝わっています。

さらに樹皮を煎じて傷薬に、樹皮を腹痛にと薬としても活用されていました。この樹の幹を乾燥させたものは生薬の「烏樟」ですが、その知識が広まったというより、山での経験的な知恵として木の持つ抗菌作用や生理活性作用が知られていたと考えられます。

この香りの良さを活かして、インフュージョン（浸出酒）を作ることもできます（枝を採集したら、容器に入る程度に折り、氷砂糖とともに焼酎などの蒸留酒に数か月程漬ける）。

<黒文字楊枝>

しかし、現代では一般に“クロモジ”と言えば、和菓子に添えられた“黒文字楊枝”を思い出す人が多いでしょう。クロモジは、弾力性に富み、折れにくいことで高級楊枝として愛用されています。

江戸時代の本草学者・貝原益軒も、『大和本草』のなかで、「冬は葉落つ。皮黒くめ。香気あり。故に是をもって牙杖とす」と書いており、当時も楊枝の材料として知られていたことがわかります。

黒文字楊枝の発祥は諸説あるのですが、井伊直弼の『閑夜茶話』にある逸話によると、茶人・古田織部の庭にクロモジがあり、枝折って楊枝にしたところ、よい香りがするので使われるようになったそうです。

<日本の山のフレグランス>

クロモジの実の興味深い利用例が前掲の『箸の民俗学』に見られます。秋田県の明治24年生まれの女性の話によると、かつては、この実を乾燥させ、蒸して「香油」を搾り、髪につけていたというのです。

クロモジの実の中の種には、ビターオレンジの花（ネロリ）にも共通する香り分子「ネロリドール」が特徴香気として30%以上含まれています。日本でも山の木々の中にネロリドールの香りを見つけ、身につけて楽しむ文化があったのです。

日本の山にこんな
芳しい木が
あるのですね

クロモジの楊枝の作り方

「まず黒文字は、指くらいの太さの木で樹皮をつけたまま荒割し、樹皮が残るようさらに細く割ります。次にセンと呼ばれる鎌を利用した道具で厚みを一定にします。こうして出来た厚みの決まった材料を、楊枝の幅に設定された二枚の刃物の間に通します。これで楊枝の厚みと幅の整った長く四角い棒状になります。このヒゴを押し切りを使って一定の

ながさに揃えると、楊枝の長さの四角い棒ができます。最後に小刀で先端を三方に削ると黒文字楊枝の出来上がりです。黒文字は大変よい香りの木で、作る過程でもよい香りを放ちます。（後略）」

『楊枝から世界が見える』 稲葉修著（冬青社）より引用

茶の湯と"利休箸"

安土桃山時代は、日本の箸の歴史を考える際に見逃すことのできない時代といわれます。この頃、「侘び茶」を受け継いだ千利休は、独自の美意識・価値観を極め、茶道を確立しました。

茶道でお茶の前に頂く一汁三菜を基本とした料理は、懐石料理（"懐石"は修行中の僧が温めた石を懐に入れて空腹をしのぐ意味）と呼ばれます。量を多くせず、季節感があり、

細やかなもてなしの要素に富む料理です。

千利休は、茶事の前になると、自ら香り高吉野杉の赤杉を削り、その日の客のために箸を作ったといわれます。杉の香りの清々しい、この世にただ一つの箸は、一期一会の茶事で大切な"御馳走"の一つとされました。利休の考案した、中央はやや太く両端の細い、面をとった箸は「利休箸」と呼ばれ、今に受け継がれています。

4. 香りの文化学

歴史 ✕ 香り

　「食の中の香り」の視点から、歴史を見直してみましょう。あたりまえのように使っているハーブ、スパイスなどの食材の香りにも、数千年の歴史ストーリーが隠されています。当時は、どんな価値観のなかで、どのように使っていたのでしょうか。現在には、どのようなかたちで受け継がれているでしょう。

　本章では、人々が古くから大切にしてきた食物の香りに理解を深め、料理の創造と提供に生かしましょう。

違う時代の香りの常識から、
新しい料理のヒントを得ましょう

Q 古代ギリシア・ローマの時代にも、香りは楽しまれていたの？

現代に通じる香り文化のルーツ、
この時代にも発見できます。

＜バラ愛好のルーツ＞

「近代ヨーロッパの幕開け"ルネサンス"では、古代ギリシア・ローマの文化に回帰することが目指された」。学校の歴史の授業では、そんなふうに教えられます。その後の時代に生きる欧米人（や日本に住む私たち）にも、この遠い時代の考え方や価値感が、受け継がれているところがあるようです。

例えば、代表的な香りの花、"バラ"。他の花とは異なる、何か特別な花というイメージを抱くのではないでしょうか。このイメージの萌芽は、古代のギリシア・ローマで生まれたものだと考えられています。

古代ギリシアのバラの楽しみ方は、色や形より"香り"から始まったようです。紀元前12世紀のものとして、すでにバラの香りの油が作られていたことを示す板書が見つかっています。

続くローマの貴族文化の中で、バラはさらなる人気を得て、広まり浸透していきました。皇帝アウグスティヌスの頃に黄金時代を迎えたローマでは、バラは貴族や裕福な市民にとって、贅沢品から生活必需品になります。新鮮な切り花を家に絶やさぬようにバラを栽培し、休日はバラ園で過ごすことが流行ったといわれます。

そしてもちろん食卓にも、バラが飾られました。はちみつやゼリーに花弁を入れたデザートが作られ、ワインにも花弁が浮かべられました。このような貴族たちの熱烈なバラ愛好が、現代の私たちがバラを特別視する見方のルーツと考えられています。

＜古代ローマで使われたハーブ＞

古代ローマの料理を知るために参照される本に、『アピキウスの料理書』があります。アピキウスはローマの裕福な美食家として知られるものの、実は生涯の詳しい資料はありません。一説に紀元前80〜40年ごろの人物と推察され、料理書の編纂は4世紀に行われたとされます。おそらく単一著者の筆でなく、時代を経てさまざまな情報が加筆された本であると考えられています。

この料理書を見ると、ローマでもすでに、しょうがやこしょう、カルダモン、アニス、フェンネル、キャラウェイ、クミン、チャービル、ミント、セージ、タイム、オレガノ、レモングラスなど、現在の私たちになじみのあるハーブが用いられていたことがわかります。

現在のイタリア料理で使われるイメージのあるバジルは、アピキウスのレシピでは目立たないのです。のちにアブサンなどの薬草系リキュールの材料となるニガヨモギも、この時代から用いられていました。

また、ナツメヤシや乳香、サフランなどを漬け込むハーブワインのレシピ、バラやスミレの花びらをたっぷり漬けて香りを移したワインのレシピも紹介されています。それをはちみつで味付けすることも好まれていたようです。レシピには、「必ず最上の花を使い、花びらの露はよくふき取っておくこと」などと、バラを愛したローマ人らしい、きめ細かな注意も記されています。

歴史あるスパイス、こしょうを使ってみよう

どこのキッチンにもあるこしょう。
かつては欧州をゆさぶる貴重品でした。

<歴史を変えたスパイス>

香りの文化史をたどると「スパイスが世界の歴史を変えた」という表現を見かけることがあります。それは、15世紀半ばからの大航海時代、ヨーロッパ国々が新航路開拓を進めた目的の一つが、アジアのスパイスの直接入手だったことを指しています。

ポルトガルのアフリカ南岸経由でのインド到達を始め、ヨーロッパ諸国の海外侵出は、スパイス戦争と呼ばれる状況にまでエスカレートしていくのです。

こしょうをはじめとするスパイスは、すでに古代からヨーロッパに伝わっていました。ギリシアの医聖ヒポクラテスも、こしょうの粒を医薬品として推奨していたといわれます。しかし、その語源であるラテン語「species」が、はじめのころ、「希少品」を指す言葉だったように、中世の間、スパイスは中近東を経て届く高級品でした。インドからアレクサンドリアへ、そしてヴェネチアからヨーロッパ諸国へ。15世紀のフランスには、高価なものを表す「胡椒みたいに高い」という表現があったそうです。新航路開拓以前は、仲介者の手を経るごとに、こしょうの値はつり上がっていました。

<熱望された理由>

中世ヨーロッパでスパイスが熱望された理由について、生肉など食品の防腐や傷みかけた匂いのマスキングが目的という説が根強いですが、その他の説もあります。

スパイスの使用が「富の象徴」として機能したほか、医学的な配慮も大きかったのです。中世ヨーロッパでは、古代の医師・ガレノスの4体液説の影響が大きく、医師たちは消化促進のため、肉料理にスパイスをたっぷり使うことを勧めていました。

「胡椒」の香りを生かすレシピ

作って
みよう

ブラックペッパー ローストチキン

材料(2人分)
鶏半羽 …… 約500g
じゃがいも …… 3個(くし切りにする)
塩……5＋3g
黒こしょう(粗挽き) …… 適量
オリーブ油 …… 大さじ1＋1

作り方
1. 鶏肉に塩5gをふり、約30分間おく。オリーブ油大さじ1を塗り、黒こしょうをまぶす。
2. じゃがいもに塩3gとオリーブ油大さじ1をまぶす。1と一緒に220℃のオーブンで約25分焼く。

黒こしょうの香りが引き締め役。オーブンで
じっくり焼くことで、やわらかくジューシーに仕上がります。

column

幻のハーブ「ラーセルピティウム」

「ラーセルピティム」は、古代の北アフリカ、キレナイカ周辺（今のリビア東部）で豊富に採集された植物でした。ギリシア人が植民地キュレネを建設後、主要な輸出品で、国の象徴的植物でした。茎を煮たり焼いたりして食べるほか、根からの絞り汁（ラーセル）が重宝されていました。

しかし、このハーブは栽培で増やすことが難しかったため、キレナイカがローマの属領となった時代、野生のものが乱獲され、金と同等の高値で取り引きされるようになったのです。美食家アピキウスは、この貴重品を有効利用するため、そのまま用いずに松の実の中に貯蔵し、香りを吸収させた松の実を料理に用いる、という節約法まで紹介しています。

次第にローマの食通たちに採りつくされたラーセルピティウムは、絶滅へと向かいます。

見られなくなって数十年後、最後の一本らしきものが発見されましたが、それは時の皇帝ネロに献上されてしまい、ついに後世に伝えられることはありませんでした。

ローマの食通から熱望されたハーブは、どんな香りだったのでしょうか。古代の博物学者プリニウスによると、風味が及ばないが、その後は「アサフォエティーダ（ヒンズー語でヒング）」やにんにくが代用とされたといいます。両方とも、硫黄化合物を含む非常に強烈な香りのスパイスなので、おそらくラーセルピティウムもかなり印象的な香りだったのでしょう。

乱獲により失われてしまった香りがあったのですね

Q 試してみよう、アーユルヴェーダのスパイス利用法

簡単にはじめられて、胃腸すっきり。
おいしい食事が健康を守ります。

＜アーユルヴェーダとは＞

ハーブやスパイスを食生活のために利用する知恵は、古代インドにもすでに見られました。インドの伝承医学「アーユルヴェーダ」は、3000年の歴史をもつ壮大な医学体系です。そのなかには、日々の健康増進に役立つスパイス利用の知恵も含まれています。

ここでは、アーユルヴェーダのすすめるショウガの利用法をご紹介します。

＜「アグニ」を高めよう＞

アーユルヴェーダでは、食生活において「アグニ」を重視します。アグニは、日本語に訳すと「消化力」となりますが、胃腸の消化力を表すだけでなく、栄養素を吸収し、一つ一つの細胞に届ける力まで含めて、意味しています。正常なアグニが立ちあがれば、むやみに食べ過ぎることもなく、自分の体にふさわしい量を食べたくなるといいます。

もし、過食や冷たい物のとりすぎで、アグニが弱くなってしまうと、未消化物が残り、それが老化や不調のもとになると考えます。

アグニを高める働きに優れるスパイスが、ショウガ。ショウガを隠し味に入れているお料理は多いですが、アーユルヴェーダの視点からは、香り・風味を添えるだけでなく、消化力を高め、食欲を高めることで、おいしさに役立っているともいえるでしょう。

アグニの状態をよくするショウガの利用法を、下記に紹介します。簡単な食前習慣です。

---

column

消化力を高める「ショウガの食前習慣」

アーユルヴェーダは、スパイス活用の知恵を多く与えてくれます。ここでは、ショウガの活用法をご紹介しましょう。消化器系を調え、適切なアグニ（消化力）を与えてくれる食前習慣です。

使うもの
ショウガ ／ 岩塩　ごく少量(なくても可) ／ 白湯

1. 食事の30分前に、ショウガのうすいスライスを1枚作ります。
2. 岩塩をかける場合は、少しふりかけます。
3. ショウガを口に入れ、噛んで飲み込みます。
4. 最後に白湯(さゆ)を飲みます。

30分後の食事時、気持ちのよい適度な食欲が湧いているのが感じられます。味覚も敏感になるので、食べ過ぎることなく、自分の状態に合った量がおいしく食べられます。

Q 17、18世紀ヨーロッパ。料理の香り事情は？

中世のスパイス人気には陰りが。新しい香りとおいしさが広まります。

<料理のトレンドの変化>

中世からルネサンス初期にかけて、ヨーロッパの上流階級に求められ、多量に料理に使用されていたスパイス類ですが、17世紀になるとその人気は衰え始めます。インドへの新航路が開かれたことで、仲介者を経ずにスパイスが入手できるようになり、価格が下落して多くの人が使用できるようになったのです。スパイスの持っていた、遠い異国から来た高級品というイメージは、徐々に変わっていきました。

フランスでも、エキゾチックな東洋のスパイスを重視する料理から、素材の風味を生かし、調理技術をより向上させた料理が作られるようになります。料理に添えられるソースも、中世以来のスパイスと酸味中心のものから、煮汁を中心に適度なスパイスの風味を加えた、とろみや濃度のあるものが作られるよう変わっていきました。

17世紀には、ムースやジュレといった口当たりのやわらかいものが上流階級の女性たちの間で流行します。一説に、これは当時の哲学者・デカルトの提示した、心身二元論の影響からきた流行で、「噛む」という生物的機能、食物の身体へ関わりの否定を意味する、という解釈もあります。

<バニラとカカオ>

大航海時代以降、ヨーロッパの上流階級でスパイスの人気が衰え始めたと述べましたが、この時期から新たに知られるようになった"香り"もあります。アメリカ大陸原産のバニラやカカオです。バニラ（⇒P179参照）は、メキシコ周辺を原産とするラン科のつる性草本で、さや状の果実を加工してスパイスに使います。コロンブス以降にヨーロッパに紹介され、スペイン人コルテスがアステカ王国から略奪した金とともにヨーロッパに持ち帰ったといわれています。

カカオは、中南米原産のアオイ科の常緑樹で、その種子に焙焼などの加工をして、チョコレートの原料となるカカオマスを得ます。カカオはアステカでは飲料とされるだけでなく、宗教儀式にも用いられ、社会における通貨のような役割も果たすなど、国の文化に深く根差した素材でした。コルテスは当初はカカオ飲料の価値が理解できなかったようです。アステカ人は、時にはちみつや現地のスパイスを混ぜて楽しむこともありました。

<チョコレートの流行>

その後カカオ飲料は「チョコレート」として、スペイン宮廷からヨーロッパ各地に広まり、その独特の香り・風味の魅力が多くの人の心をつかみます。（現代では、チョコレートの香りが詳しく分析されています。チョコレートらしさを感じさせる「イソバレルアルデヒド」、酢のような香りの「酢酸」、バターのような香りの「ジアセチル」、花のような香りの「リナロール」など380種以上の成分が見つかりました）。

チョコレートは、フランスのルイ14世治世の宮廷でも流行します。絶対王政が確立され、宮廷文化の中心となったヴェルサイユ宮殿では、多くの貴族が逗留し、日々宴会が繰り返されました。一説に宮廷での宴会に関わる仕事をする人員は、2000人もいたといわれます。

贅を極めた王家や貴族の生活ぶりと重税への反発は、その後のフランス革命へとつながっていくわけですが、この革命は料理史にも大きな影響を与えています。王家や貴族のもとにいた優秀な料理人たちが革命とともに職場を失ったことで、新しい食の場として"レストラン"ができはじめるのです。さらに、貴族とともに亡命した料理人たちも、他国にフランス料理を広めていくことになります。

column

フランス料理のコード化と発展

社会学者ジャン＝ピエール・プーランは、自著のなかで、17世紀後半に見られた、ルセット（レシピ）数の増加と料理体系の複合化を指摘しています。

この頃、フランスの料理のレシピは、大量に文字として記され、多くの料理書として広まりました。料理はその過程で、厳密に"コード化（記号化）"されていったと考えられています。ルセット以外にも、ソースの作り方や組み合わせのルールを含めて、定式化さ

れていきました。

フランス料理の世界では、「18世紀にはすでに、料理創作の時代が終わった」といわれますが、代わりに彼らは、無限の創造のベースとなる一つの言語体系を獲得した、とプーランは言います。

このような料理の言語化・情報化へのシフトが、その後のフランス料理の発展に大きく寄与していく一因になったとも考えられるのです。

Q 日本の季節感と風味の関係は？

**四季のある日本。食物の風味が
季節の変化を教えてくれます。**

日本列島の住人にとって、食物の風味が、季節の訪れを知らせてくれると感じることは多いでしょう。世界一短い詩といわれる日本の俳句では、必ず"季語"が入るのがルールですが、多くの食材や食の風景が季語として詠みこまれます。

＜縄文時代の季節感＞

この地の風土が、そんな感性をつくる要因になったのかもしれません。縄文時代の遺跡の調査からも、縄文人がすでに季節に合わせた食生活を送っていたことがわかっています。

春には薇、蕨、野蒜、秋には栗や胡桃、どんぐりなどの木の実を収穫。秋には川を遡上する鮭の漁。冬にはイノシシやシカの狩り。蛤は春から夏にかけて集中的に採取。暦など無い時代から、日

本人の祖先は、食物の採集のなかで季節の変化を察知し、また過ぎゆく季節がくれた風味に、名残を惜しんできたのではないでしょうか。このような感性が、歴史の中で洗練され、日本料理に内在する価値観や美意識につながっていったとも考えられます。

＜椀物の香頭＞

日本料理の献立では、「椀物」がメインディッシュ。椀物は、吸い地（だし）と椀種（主となる実）とつま（野菜や海藻類）、香頭（吸い口）で構成されます。

香頭には、小片でも香りが高く、実を引き立て、季節感を表現できるものが求められます。

春ならば木の芽、夏は紫蘇や茗荷、秋や冬ならば黄柚子。椀にはふたをするので、温かい料理でも香りが揮散することはありません。椀の中の"季節を表す香り"が、ふたを取った瞬間に、広がる仕掛けが備わっているのです。

五節句の香りを使ってみよう

お節句には、植物の香り・風味で
心身をリセットしましょう。

　「節句」は、もともと中国の歴史的文化が日本に導入されたもの。人の生きる時間を年に区切り、節をつけて意味付けることで、生活に張りやうるおいを与えるようにと、設けられています。

　そのうち「五節句」は、江戸時代ごろから人々の家庭生活に広まった習俗・習慣です。一月七日（人日）、三月三日（上巳）、五月五日（端午）、七月七日（七夕）、九月九日（重陽）の五つを指しています。

　人日の節句では、春の七草「せり・なずな・ごぎょう・はこべ・仏の座・すずな・すずしろ」を入れた七草粥を食します。これには、春を前に、一年で最も寒い時候を迎えるに備えて邪気を払い、無病息災を祈る意味があります。　野草の風味と作用を身体にとりいれる行事です。

　上巳は「桃」の節句と呼ばれますが、もとは人形で体をぬぐい、人形を川に流す禊の行事でした。白酒や菱餅や蛤などを食す習慣があります。

　五月の端午の節句では、「菖蒲」や「蓬」を風呂に入れて邪気を払い、柏餅や粽を食します。七夕は、もとは夏から秋への交叉の祭りですが、中国の乞功彙と相まって、女の子の機織りの上達を願う祭りに変容しました。「笹竹」の枝に願いを込めた短冊をつるします。

　九月の重陽は「菊」の節句と呼ばれ、古来薬や化粧品として用いられた菊を、菊枕や菊湯、菊酒、菊を使った料理に取り入れる、菊尽くしの行事です。

　こうしてみると、季節ごとの植物食材の香りや風情が、時間の節目を印象づけ、健康や成長を祈念する役割を担ってきたことがわかります。

　ここでは1月7日・人日の節句にちなんで、芹をつかったサラダをご紹介します。春を前に体をすっきりとさせたい時におすすめの料理です。

せりの香りを生かすレシピ

作って
みよう

せりと柑橘のデトックスサラダ

材料(2人分)

せり …… 1束(一口大に切り水にさらす)
春菊 …… 1/2袋(一口大にちぎり水にさらす)
にんじん…… 1/3本(せん切りにする)
ごぼう …… 1/3本(ささがきにして湯通しする)
かぶ …… 2個(スライスする)
柑橘類
…… 1/2個(皮をむき一口大にちぎる)
ローストアーモンド …… 6粒(粗く砕く)

ドレッシングの材料

アーモンドミルク(濃いもの) …… 200㎖
玉ねぎ …… 1/4個(50g)(粗みじんにする)
にんにく …… 1/2かけ
酢 …… 20㎖
塩 …… 3g
黒こしょう …… 少々
オリーブ油 …… 20㎖

作り方

1. ドレッシングの材料をミキサーにかける。
2. 具材を切り、器に盛る。1をかける。

せりをつかった体にうれしいデトックスサラダ。
せりの香りに新春の訪れを感じます。

4. 香りと文化学

言葉 × 香り

　私たちは、香りの質を他者と共有するために言葉を使います。また
それ以前に、香りの知覚にも言葉の有無が関わっているともいわれま
す。五感の他の感覚に比較し、嗅覚からの情報は言葉で表現しにくい
ものですが、"言葉"と香りの関係性について少し考えてみることで、
人にとっての香りの意味が、新たに浮かび上がってきます。
　本章では、香りと言語表現について考えていきましょう。

私たちの香り体験と
「言葉」の関係を
考えましょう

Q 香りって、表現がなかなか難しいです

直接的に示す語彙が少なく、主観的
な表現にたよりがちですよね。

<香り表現は難しい？>

香りを言葉で表現するのは難しい、といわれま
す。例えば「レモンの香りの特徴的な成分は、シ
トラールである」という説明は正しいかもしれま
せんが、シトラールの香りを説明しようとすると、
それはレモンのような香りと表現する以外にない
ようなところがあります。レモンを嗅いだことの
ある相手の経験に訴え、共感を求めるだけの説明
になっているのが不甲斐ないところですが、しか
し、どう表現すれば相手にシトラールの香りを想
像してもらえるのでしょうか。なぜ嗅覚の質は、
表現しにくいのでしょうか。

香りを言語で表現する難しさの理由としてよく
挙げられるのが、「脳での嗅覚情報の伝達経路が、
言語を司る部位と縁遠いため」というものです（し
かし、「言語あってこその風味」と主張する脳研
究者もいます）。

また、「香りを表す語彙（言葉）が少ないためだ」
といわれることもあります。人々のコミュニケー
ションのなかで、共有されにくいから言葉が少な
いのか、言葉が少ないから共有され難いのか。語
彙の少なさは日本語だけでなく、英語圏でも同様

のようです。

<香り表現の分類>

語彙の少ない状況で、日常私たちは香りの表現
を実際にはどのように行っているでしょうか。主
に、下記のように分類されます。

① 実物からの類推表現

（レモンのような香り、花のような香りなど）

② 嗅覚以外の他の五感を使った共感覚的な表現

（甘い香り＝味覚、丸みのある香り＝視覚、やわ
らかい香り＝触覚など）

③ 香りの効果のよる表現

（心が落ち着く香り、リフレッシュする香り、食
欲の湧く香りなど）

④ 形容詞（感性語）による表現

（爽やかな香り、華やかな香りなど）

⑤ 記憶と結びつく表現

（むかし祖母の家で嗅いだ香り、夏に夕立がきた
時の香りなど）

さらに、香料業界では、

⑥ 分類表現

（フローラル、ウッディ、バルサミックなど）が
使われることもあります。

言語表現を試みる過程では、香りのいくつもの
側面に気づくことができ、香りを記憶する助けに
もなります。

言葉にする利点

香りを言葉で表現してみる。あえて言葉を当ててみる。この努力は何の役に立つのでしょうか。

主に、同定／認識・記憶／共有・コミュニケーションの3つに役立つと考えられます。

同定

その香りが何なのか、正体を突きとめることができます。よくわからない香りを嗅いだ時、いくつか言葉をあてていくと、漠然とした印象から具体的な印象へと近づけるのです。

例えば、はじめになんとなく「甘くスパイシーな香り」と感じていたところから、言葉をあてて記憶をたどることで、それがシナモンの香りだと突き止めることができることがあります。

認識・記憶

言葉がラベルとなり、記憶しやすくなります。例えばワインは、ぶどうの品種や産地による香りの違いが大きい飲料です。ワイン提供の専門家・ソムリエが、さまざまな銘柄のワインの香りの特徴を区別して記憶し、あとで思い出せるようになるためには、言葉にすることが必要であるといわれます。たくさんの香り分子の混合体である「ワインの香り」から、特徴を一つ一つ嗅ぎ取り、言葉でラベルを貼っていくのです。

ソムリエが使う香りの表現では、P135、①のような実物からの類推表現を利用していることが知られます。

赤ワインの香り表現として、「カシス」「チェリー」「いちご」などのフルーツや、「黒こしょう」「バニラ」などのスパイス、また「腐葉土」「革」など食物以外の香りをあらわす言葉が使われることがあります。

こういった表現方法は、ワイン専門家の間で、ある程度「共通言語」として働いています。「ワインを味わう」これは主観的な香り体験ですが、記憶して、意識的に引き出せる情報として使うためには、香りの「共通言語」を定めた体系が必要になってくるのでしょう。（フレーバホイール⇒次頁参照）

伝達・コミュニケーション

香りの情報を少し伝えやすくなります。

ネット上で買い物ができる現代、香りを楽しむ飲料のワインやコーヒー、香水などの商品も、試香せず購入する場合も多いのです。そんな時、専門家だけに通じる表現では、一般の人には意味がわからないこともあります。販売者は、産地や原料などの情報提供のほか、②のような香りの効果のよる表現、③のような形容詞（感性語）による表現などを工夫すべきなのかもしれません。

あえて言葉で表現することが必要な場面もありますよね。

Q フレーバーホイールって何ですか？

食品業界などで使用する、香り評価の共通言語を丸く配列した図です。

食品、酒類、香粧品など、香りが重視される業界内では、香りの共通言語をのせて指標とする、「フレーバーホイール（Flavor wheel）」や「フレグランスサークル（Fragrance circle）」を使うことがあります。香りや味の記述語を丸く配列した図です。

酒類ではじめに作られたのは、ビールのフレーバーホイール。その後、ウイスキー、ワインと続きました。酒類以外では、コーヒーやチョコレート、近年では、複雑な風味の日本の調味料・醤油のものも作成されています。

図のホイールをみてみましょう。これはコーヒーのフレーバーホイールです。中央に近いところ

では、例えばフルーティ、フローラル、グリーン系などおおまかな分類がなされています。フルーティ系分類の外側をみると、同じフルーツであっても、シトラスフルーツ、ベリー類と傾向が異なります。さらにその外側を見ると、ベリー系にも、ストロベリーやブルーベリーと区別があります。つまりフレーバーホイールでは、単に記述語が集められているのではなく、似た香りが近くに配置されているのです。漠然とした香りの印象から、少しずつ香りの特徴を具体的な表現にすることができます。

共通言語に頼りすぎてしまうと、それ以上の感受性や表現力が磨かれないという面もあるでしょうが、ともあれ、フレーバーホイールは、言葉にするのが難しい「香り」に認識と伝達の手がかりを与えてくれます。

図 コーヒーのフレーバーホイール

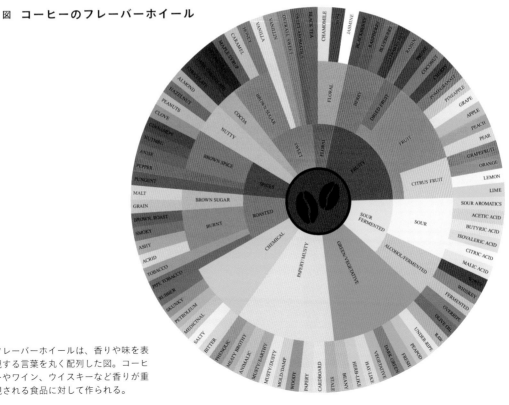

フレーバーホイールは、香りや味を表現する言葉を丸く配列した図。コーヒーやワイン、ウイスキーなど香りが重視される食品に対して作られる。

Q 時には沈黙して、風味を堪能してみよう

**よい香り、風味に出会ったら
言葉にせずに感じるままも。**

人にとって、香りは分析し評価する対象というだけではありません。確かに、危険の察知や対象物の意味付けは、嗅覚の大切な役目です。こんな時は、香りの印象を曖昧にせず、言語化することで香りの印象の一側面をしっかりと捉え、記憶することを大切にするでしょう。

しかし、自分にとって非常によい香り、よい風味と出会い、その全体性を十分に楽しみたい時、即座に言語化しないほうがよい場合もあります。例えば、インドの伝承医学アーユルヴェーダでは、食事の時に黙って集中して急がずに食べることを

勧めます。それが、消化力を高め健康によい食べ方とされるのです。これには、騒いだり、乱心したりせず、感謝の気持ちをもって食べるべき、という意味も含まれていると思います。しかし、それだけではなさそうです。

言葉を発せず食べる行為に集中していると、食物のさまざまな香り・風味や口内の食感が、いつになく意識できるのに気付きます。また自分の食欲の程度や、満腹感、満足感を感じるタイミングにも気付くことができるでしょう。

香りを嗅ぐのも同様です。嗅いで即座に言語化してしまうと、多面的な食材の香りを、それ以上に感じとることができません。その香りのもたらす印象、心への働きかけを、十分に味わってから。言葉にするのはそれからでも遅くはないのです。

---

column

香りの花言葉

西洋では、それぞれの花の性質や外観、歴史、伝説などをもとに、「花言葉」がつけられることがありました。花は、さまざまな意味を象徴してきたのです。ある花を贈ることで、その隠れたメッセージを相手に伝えたこともあったでしょう。

香り高い花々やハーブは、何を象徴していると考えられてきたのでしょうか。香りのある植物の花言葉を見てみましょう。

かりん（豊麗・優雅）／クレソン（力・安定）／月桂樹・葉（栄光・勝利）／クローブ（威厳）／コリアンダー（隠れた長所・秘密の富）／シナモン（純潔・清浄）／ジャスミン（温和・

愛嬌がある）／ジュニパー（豊穣・長寿・記憶・保護など）／沈丁花（甘い生活）／スイカズラ（恋の絆）／ゼラニウム（優雅）／タイム（力・勇気・活動）／唐辛子（辛辣）／ニオイスミレ（謙虚・ひかえめ）／にんにく（勇気と力）／バーベナ（魔法・誠実）／バラ（美・至福・優美・災・芳香など）、ダマスクローズ（恥じらいに満ちた愛）／フキ（公正な裁き）／ホップ（情念・誇りなど）／ライラック・紫（私をまだ愛していますか）／ラベンダー（容認・精励など）／ローズマリー（愛情のこもった思い出）／ローマンカモミール（逆境における力・厳しさのなかの愛情）

Q ロボットは、感じた香りを言葉で表現できますか？

嗅覚の感覚センサーの開発、嗅覚情報の意味付け。課題は色々あります。

私たちは日ごろ、何気なく香りを感じ、必要があれば、それを言葉にして相手に伝えようとします。

近年、人口知能を搭載したロボットが、人間のように、あるいは人間以上の能力をもった存在として動くようになると嘱望されていますが、ロボットは、人間のように香りを体験し、それを言葉で表現することができるのでしょうか。

そもそも人の脳の中の言語化のメカニズムも、まだ十分には解明されてはいないと言われます。感覚（センサー）を通じて得られた情報を、どのように言語と結び付けたらよいのか、という難問は未だ解けていないといわれます 。

＜ロボットの香り体験＞

ロボットを現実世界で活かそうとすると、固定的な身体制御や動作モジュールを、あらかじめ設計して埋め込むだけでは、人間のような振る舞いに達することは難しいといわれます。人間のような知能は機能として設計されるのでなく、環境との関係性を通じて育つと考えられているからです。

将来のロボットは、センサーで自ら得た感覚情報を分節化、記号化（言葉に）し、それを環境や他者との関係性のなかで、意味付けをできるようになることも求められるでしょう 。さらにその言葉を通じて、周囲とコミュニケーションを蓄積していくことが必要にもなるでしょう。

まずはセンサーで情報を集められるようにならなければいけませんが、五感の中で比較すると、開発が難しいのが嗅覚センサーだといわれてきました。外界にある香り物質は数十万種といわれ、濃度により感じられる香りが変わるものもあるので、複雑です。室内・室外・食べ物のにおいも、現実には数多くの物質が交じり合ってできています。物質の量的なデータと、人の感じ方の関係に、はっきりした規則性が見つかりにくいこともあります。ずっと嗅いでいると感じなくなる（順応・疲労する）のも嗅覚の特質です。細かいことを言えば、個々人の体調や経験で香りの感じ方が変わるともえいえます。

このように、複雑な人間の“香り体験”を模倣するような嗅覚センサーの開発は、かなり取り組みがいのあるチャレンジになりそうです。さらに、人の口の中の「風味」は、嗅覚と味覚が合わさって感じられるものであり、風味センサーはそれ以上に複雑だろうと予想されます。

仮にセンサーの技術的な問題が解決しても、今度は先に挙げた嗅覚情報の言語化（記号化）の難しさの問題があります。香りを、言葉を、どう捉えるか。今後のロボティクスにおける“香り”感覚の導入のアプローチに、違いが出てくるのでしょう。

パクチーの香り、たまらんですなぁ

Q 語感と風味の関係は？

私たちは言葉の音から風味を連想しているようです。そう思えませんか？

「ブーバとキキ効果」について、耳にしたことがあるでしょうか。もしなければ、下の2つの図を見て下さい。さて、どちらが「ブーバ」で、どちらかが「キキ」でしょうか？どちらが、より合っている形と感じるか、選んでみて下さい。おそらく多くの人が、ブーバはA、キキはBと答えるでしょう。

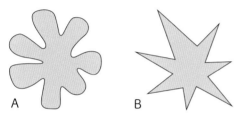

ふたつの図形、どちらが『ブーバ』でどちらが『キキ』？ 言語圏や年齢、性別によらず多くの人が同じ答えを選ぶ。

言語学では、言語を構成する音韻と意味との関係に必然性は無い、とも言われてきました。例えば、同じ「犬」でも、英語ではDogと呼ばれるわけですから、言葉の音と表す意味には全く関係がないのかもしれません。

しかし私たちの言葉づかいのなかには、言葉の「音」と「意味」との結び付きがあるように考えられる例も見つかります。「ブーバとキキ」の例をみても、私たちは言葉の音に、何か共通のイメージを感じ取っているようです。ある研究では、「母音の a は大きいものや柔らかいものを示し、鈍重な動きを表し、母音の i は小ささを示す」と報告されています。音が意味やイメージを喚起する現象は、「音象徴」と呼ばれています。

『「おいしさ」の錯覚』の著者チャールズ・スペンス氏は、「形に味はあるのか？」の疑問から、

10年間にわたり世界中のフードフェスティバルや科学イベントで、人々に口に入れた食べ物の味覚体験が「ブーバ」だったか「キキ」だったかを聞いてまわったとそうです。調査の結果、人々の答えには一貫性がみられ、炭酸や苦味、塩辛さ、酸味を、尖った形の「キキ」に、甘味やクリーミーなものを丸い「ブーバ」に結び付けたといいます。香りや風味にもこんなことは起こるのでしょうか？

もしレストランのメニュー名に「真鯛のポワレ、キキ（あるいはブーバ）風」とあるのを見たら、期待感やイメージの違いはあるでしょうか。もちろん、こんな不親切な表記はしないでしょうが、飲食店において、店名やメニュー名の付け方、サービス時の解説など、料理の皿の外にある言葉の語感が、印象を左右していることも十分にあるのです。ブランドネームを決定するために、大金を投じている企業は多くあります。

ここでは、経験豊かなシェフに「ブーバ」からイメージする風味の料理、「キキ」からイメージする風味の料理を両方を創作してもらいました。

読者の皆さんはこれに共感するでしょうか？いかがでしょうか。

ブーバ、キキ…。皆さんならどんなお料理を想像しますか？

ブーバとキキのイメージで作ってみよう

ブーバはバニラの香り？
キキはライムの香り？

　無意味な言葉「ブーバ」と「キキ」の語感から、料理の専門家がイメージして作ってくれたのは、以下の二つのレシピ。全く別の風味のおいしそうな料理が、それぞれに出来上がりました。

　「ブーバ」は舌にまとわりつくような濃厚な触感で、バニラの甘い香りの一品。「キキ」はキレのある辛さと、爽やかなライムの香りがきいた一品。料理に対する私たちの感受性は、味だけではなく香り、さらに他の感覚にまで広く連なっているようです。

　言葉の語感に発想を得たレシピの創造。新しいアイデアの源になりそうな試みです。

「ブーバのイメージ」で香りを感じるレシピ（P.142）

オマールえびのポッシェ　バニラクリームソース

材料(2人分)
オマールえび …… 1尾

ソースの材料
玉ねぎ …… 1/2個(スライスする)
セロリ …… 1/3本(スライスする)
にんじん …… 1/4本(スライスする)
バター …… 5g
白ワイン …… 200㎖
鶏だし …… 200㎖
生クリーム …… 200㎖
バニラ …… 1/2本
塩 …… 少々

フェットチーネ(乾麺) …… 60g

作り方
1. ソースを作る。野菜をバターで炒め、白ワインを加え、アルコールを飛ばし、鶏だしを加えて5分煮る。ざるでこして、生クリームとバニラを加え、塩で味をととのえる。
2. オマールえびをたっぷりのお湯で約15分塩ゆでする。爪の殻を割り、身は半分に切り背わたと砂袋を取り除く。
3. フェットチーネをゆでてソースにからめ、オマールと一緒に盛りつける。

「キキのイメージ」で香りを感じるレシピ（P.143）

牛タンタコス

材料(4人分)
コーントルティーヤ …… 8枚
牛タン …… 180g(角切りにする)
塩 …… 小さじ1
黒こしょう …… 少々
オリーブオイル …… 大さじ1

トマトサルサ
トマト …… 1/2個(角切りにする)
玉ねぎ …… 1/4(みじん切りにする)
塩 …… 小さじ1/2
オリーブオイル …… 小さじ1

ワカモレ
アボカド …… 1個
ライムジュース …… 1/2個分
塩 …… 小さじ1/2
オリーブオイル …… 小さじ1

パクチー …… 適量(一口大に切る)
ハラペーニョ …… 適量(スライスする)
ラディッシュ …… 適量
ハラペーニョ …… 適量
ライム …… 適量

作り方
1. 牛タンに塩、黒こしょうを振り、オリーブオイルをひいたフライパンで焼く。
2. トマトサルサ、ワカモレそれぞれの材料を混ぜる。
3. 焼いたコーントルティーヤに牛タン、トマトサルサ、ワカモレ、パクチー、ハラペーニョを盛り付け、ラディッシュ、ハラペーニョ、ライムを添える。

濃厚な食感と
バニラの甘い香りがマッチします。

爽やかなライムの香りに、
キレのある唐辛子の辛さのタコスです。

5. 香りとマネジメント

心への働き、提供の工夫

　他者に料理を提供する時、「香り」の観点からは何に留意すればよい
のでしょうか。嗅覚という感覚の特性、また五感の他の感覚との相互
関係を確認してみましょう。

　また近年、心に働きかける香りの力について、関心が高まっていま
す。香りを嗅ぐことで、人はリラックスできたり、集中力が高まった
りするのです。食べ物の香りも、もちろん人の心に響いているはずです。

　本章では、料理提供時に知っておきたい香りに関する留意点を見て
いきましょう。

香りを人に提供する時
こんな知識が
役立ちます

Q 慣れると香りを感じなくなるのはなぜ？

嗅覚には「順応」「慣化」が
あることが知られます。

コーヒー店のドアを開けた瞬間は鮮烈な香りに
驚いたのに、いつの間にかそのことは忘れていた。
香水店で商品をじっくり試香していたら、だんだ
ん香りが判別できなくなってきた。そんな経験は
ないでしょうか。

＜嗅覚順応＞

嗅覚の知覚には「順応・慣化」があることが知
られています。持続した香りの刺激に対して、時
間がたつと感じにくくなるのです。視覚や聴覚で
は少ないのですが、嗅覚の場合はこれがはっきり
とあらわれます。ワインや香水の試香をする時、
熱心に嗅ぐほどよくわからなくなってくる時があ
ります。そんな時は自分の腕の香りなどを嗅いで
リセットしましょう。別の種類の香りを嗅ぐと、
嗅覚はもとのように敏感に働いてくれますから。

＜「いつもの香り」は気にならない？＞

また、日常的に特定の香りにさらされている人
は、その香りを弱く感じる傾向があります。

ある実験では、仕事場で、甘酸っぱい香りの物
質「アセトン」に日頃からさらされている人と、
そうでない人を、それぞれグループとして集め、
アセトンの香りの評定をさせました。すると、日
頃から嗅いでいた人々の方が、その香りを「弱く」
感じる傾向があることがわかったのです。アセト
ン以外の香りでは、両グループで差はありません
でした。

どうやら私たちは、自身にとって慣れた香りに
ついては、強くともあまり気にならない、香りの
存在を意識しにくくなっているということのよう
です。

海外から来た人が空港に降り立つと、その国特
有のにおいを感じる、といいます。日本は魚のに
おいとか醤油のにおいとかいわれるようですが、
国内にいると、それは意識しません。

料理の香りについてもおそらく同様でしょう。
飲食店で、毎日のように同じ料理を提供する側と、
初めて料理に接する来店者の側。立場の違いによ
り、食材や調味料の香りについて、思いがけない
感度の差が生じていることもありそうです。

---

column

よい香り・風味の感じ方は、環境により異なる

飛行機のなかで提供される様々なサービス
のなかで、一番気になるのはやはり『機内食』
という方も多いでしょう。でも、1万メート
ルの上空でおいしい料理を提供することは、
実は難題なのです。気圧や湿度が、地上とは
大きく変わっているからです。主な変化は、
右のようになります。

＊塩味や甘味の感度が30％も低下し、味覚が
変わる。
＊空気の乾燥により、嗅覚が鈍る。
＊料理に含まれる香り分子の揮発の程度が地
上とは異なる。

地上と同じ料理を出しても、決しておいし
くは感じられないため、機内環境に合わせた
特別のレシピが考案されています。

Q 濃度の違いで、香りの印象は変わるの？

同じ種類の香り分子が、全く違った
印象をもたらすこともあります。

　ある香り体験のもととなるのは、香り分子であることは確かです。しかし不思議なことに、分子の種類が同じでも、全く「違う匂い」を感じとっている場合があります。「濃度」の違いにより、香りの印象が大きく変わることがあるのです。

　例えば「デカナール」という香り分子。高濃度だと油臭く、低濃度ではオレンジのような香り。

　「スカトール」は高濃度でスカンク臭ですが、低濃度では清涼感のある香り。「インドール」は高濃度では人々が嫌う糞臭ですが、低濃度では花の香り。ジャスミンの花などにも含まれていて、フレグランスの調香でも多用されるものです。

　また、香りのブレンドが単なる足し算でないことは、調香の世界でもよく知られています。

　例えば、ある香り分子が、他の香り分子の受容をブロックするような例もあるのです。食品の香りも同様に、組み合わせの相性には、十分な注意が必要になります。

濃度により変わる香りの印象

種類名	濃い	薄い
フルフリルメルカプタン	悪臭	ナッツを焦がした香り
α－イオノン	木のような香り	スミレの花のような香り
γ－ナノラクトン	ココナツのような香り	フルーティ、フローラルな香り
スカトール	スカンク臭	清涼感のある香り
インドール	不快臭、糞臭	ジャスミンやクチナシのような甘い花の香り

同じ種類の香り分子でも、濃度により印象が大きく変わるものがあります。

濃度がちがうだけで
香りがこんなに
ちがって
感じられるのですね

Q 香りはココロに影響するの？

香りのメンタル面への働きかけに
ついて、近年研究が進んでいます。

フルーツやハーブの成分の栄養学的な価値や生
理活性作用は、以前から調べられていましたが、
それらが持つ「香り」のメンタル面への働きかけ
にも、注目が集まっています。気持ちを落ち着か
せたい時、元気を出したい時。スイーツやティー、
カクテルなどで、ひといき入れるのなら、それぞ
れの植物の香りの力も役立ててみませんか。

＜オレンジの香り＞

やさしく爽やかなオレンジ・スイートの香り。
リラックスできる香りとして知られます。

就寝の前に、部屋にオレンジ果皮の香りを漂わ
せたところ、自律神経系の副交感神経活動が高ま
り（休養モードになり）安眠できたという、高齢
者を対象にした実験結果もあります。

ゆっくりと過ごしたい午後には、オレンジの皮
をアレンジしたデザートはいかがでしょうか[1]。

※1 『オレンジ・スイートのにおいが要介護高齢者の就眠前不安
にもたらす生理的影響』松永慶子、李宙営、朴範鎮、宮崎良文.
アロマテラピー学雑誌、vol.13(1)（2013）

＜ペパーミントの香り＞

清涼感のあるペパーミントの香り。「頭がスッ
キリ」「元気がある」「集中している」などの気分
が高まることが、小学生対象の実験からわかって
います。

勉強や仕事の休憩中の気分リセットに、フレッ
シュまたはドライのミントを、お茶やおやつに使
ってみるのもよさそうです[2]。

※2 『小学生の計算力と気分に与える精油の影響』熊谷千津、永
山香織. アロマテラピー学雑誌、Vol.16, No.1,（2015）

＜ジャスミンの香り＞

ジャスミンの花の甘く濃厚な香りには、覚醒作
用があることがわかっています。ジャスミンの花
からとった天然香料を嗅いだ人の脳波は、コーヒ
ーの香りを嗅いだ時によく似ていたそうです。一
方、ジャスミン茶（茶葉にジャスミンの香りを移
した茶）を20倍程度に薄めた淡い香りには、反対
に鎮静作用があることが調べられています[3]。

※3 蓬田勝之『薔薇のパルファム』求龍堂（2005）、
井上尚彦『ジャスミン茶の香りおよびその香気成分が自律神経お
よび作業効率に及ぼす影響』京都大学（2004）

---

column

香りの伝わる経路

香りの情報の伝達経路をみると、嗅細胞か
らごく短いステップで、脳の中の「大脳辺縁
系」や「前頭葉」に伝達されていきます。

「大脳辺縁系（だいのうへんえんけい）」とは、旧脳、情動脳などとも
呼ばれる脳の一つの領域です。ここは、喜
怒哀楽などの感情やストレス反応に関わる
「扁桃体（へんとうたい）」、記憶を司る「海馬（かいば）」も含んでいる
領域です。扁桃体から、さらに自律神経系や
内分泌系、免疫系へと情報が伝えられ、私た
ちの心身の調節に関わっていくのです。

◯ 香りと五感の関係は？

嗅覚は、他の感覚と大いに相互関係を
持っているようです。

＜統合される感覚＞

　料理の味わいにおいて、味覚だけでなく、嗅覚が大きな役割を果たしていることを見てきましたが、近年の研究によると、感覚の相互関係はそれだけに留まらないと考えられています。

　例えば飲食物の味わいは、視覚や聴覚、触覚などによって変わることがわかっています。

　ワインの味わいは色付けにより変わり、ビールの味わいはラベルによって変わり、料理の味わいは食事時に使うカトラリーの重さで変わってしまう。

　そもそも食べることは五感をフルに働かせる作業です。外界のものを自分の身の一部にするのだから、当然かもしれません。入ってきたすべての情報を総合して、記憶とも照らし合わせて判断した上で、食物を飲み込む。知覚される個々の情報を、均しく別々に扱っているわけではないのです。

＜クロスモダリティ＞

　「クロスモダリティ（越境する感覚・五感が相互関係をもつ）」、「マルチセンソリー（多感覚）」は、豊かな食のシーンを作るうえで、今や大切なキーワードと考えられるようになりました。以前は、五感が受け取った刺激は、別々の情報として脳で処理されると捉えられていました。しかし多感覚が影響を与え合って、私たちの知覚に至っているのが実情だとわかってきたのです。

　とはいえ、クロスモダリティをうまく使うアイデアは、料理のプロは以前から経験的に理解し、実践に生かしていたようです。石井義昭氏の『料理に役立つハーブ図鑑』にはこのような記述があります。

　「香りや味は、鼻や舌で感じるだけでなく、実は目でも味わっている。例えば、レモングラスから香りを抽出できでも、色はほとんど出ない。これをうっすらと黄色に着色すると、不思議と香りの印象が強まる」。

　料理は総合芸術といわれますが、私たちの感覚がとらえるさまざまな要素によって、おいしさが成り立っているといえるでしょう。

---

column

ドキュメンタリー映画「ノーマ東京　世界一のレストランが日本にやってきた」
～店舗づくりとクロスモダリティ～

　イギリスのレストラン誌「世界ベストレストラン50」で1位に輝いたこともあるデンマークのレストラン「NOMA（ノーマ）」。2015年、期間限定で店を開くため、シェフのレネが率いる腕利きの料理人チームが東京にやってくる。日本各地を巡る食材探し、レシピ開発のために繰り返される試作。客側から見えない地道な準備の様子が描かれるドキュメンタリー映画だ。終盤、オープン直前に店内を見回ったレネが、客席のクッションを取り除き「これは要らないな」とつぶやくシーンがある。柔らかそうなそのクッションは、NOMAの創作性に合わなかったのだろうか。料理の味だけでない、店内の環境を含めた食事経験そのものが料理の風味である。シェフのそんな認識を推察してしまう一言である。

文学にみる「香りの力」

ある人にとっての"香り"の意味は、人類に共通する身体的要素で決まることもあれば、個人的な経験に根ざしている場合もある。いずれにせよ、たいていの香りは、日常生活の中のたくさんの判断材料の一つに過ぎない。

ただ時おり、特定の香りがその人の内面深くに染み入り、大きな力を与えることもある。ここでは文学作品の中に表現された、香りの力を見ていきたい。

『檸檬』（レモン）

明治34年生まれの作家、梶井基次郎の短編小説『檸檬』。
高校の国語の教科書にも掲載されるこの作品は、こんなふうに始まる。

> 「えたいの知れない不吉な塊が、私の心を始終圧えつけていた。焦燥と云おうか、嫌悪と云おうか―」

ある朝も「私」は、「何かが私を追い立てる」ように感じながら、街に彷徨い出ていく。
京都の街から街へ歩きまわった「私」は、ある果物屋の前で足を留める。
そして檸檬をひとつだけ買うのだ。

> 「私は何度も何度もその果実を鼻に持って行っては嗅いでみた。
> それの産地だというカリフォルニヤが想像に上って来る。
>
> ……（中略）……
>
> そしてふかぶかと胸一杯に匂やかな空気を吸込めば、
> ついぞ胸一杯に呼吸したことのなかった私の身体や顔には温い血のほとぼりが昇って来て
> 何だか身内に元気が目覚めて来たのだった。……」

そしてこのあと、「私」（語り手）は、「生活がまだ蝕まれていなかった」頃に好きだった"丸善"に入っていき、物語は終盤に向かう。

閉塞的な気持ちの主人公に、異国のイメージをもたらし、身体の状態を変え、思いがけない行動をとらせたレモンの香りは、レモンの色（視覚）や冷たさ（触覚）など他の感覚とともに、彼の内面深くに染み入っていったのだろう。

Q 香りで美しくなれるの？

バラの香りが心身に及ぼす影響が研究されています。

<美しくなるメカニズム>

愛と美の女神ヴィーナスの聖木といわれるバラ。女神の花を身近に置けば美しくなれそう、という想像を裏付けてくれるような研究結果があります。バラ（品種はロサ・アルバ）の香りがストレスを緩和し、肌のバリア機能の低下を抑えることが示されたのです[※]。21歳前後の女性を対象にした実験でした。

花のよい香りを嗅ぐことが、肌に影響するのはなぜでしょうか。香りの情報は、脳の中の「大脳辺縁系」という領域に、短いステップで伝達されます（P147）。大脳辺縁系とは、喜怒哀楽などの感情やストレス反応に関わる「扁桃体」、また記憶を司る「海馬」も含んでいる領域です。ここに届いた香りの情報は、さらに私たちの身体を調整する自律神経系や内分泌系、免疫系へと影響していきます。そのため、バラのよい香りを感じることが、ひいては皮膚の状態をよくするということも、起こりうるのです。

<オールドローズの香り>

花屋に行くと多くの種類のバラが並んでいますが、なかには香りの弱いものもあります。バラの品種は、現在では人工交配の技術で非常に多く作られています。

バラ栽培の歴史は長く、7000年前の古代エジプトの遺跡からもバラの花束が発見されていますが、実は19世紀初頭までは、バラの栽培品種はわずか4種類でした。数少ない歴史あるオールドローズの一つが、「ダマスクローズ（ロサ・ダマスセナ）」です。ダマスクローズは、エッセンシャルオイル（精油：天然の香料）を取るバラで、香りが高いことで知られます。現在はトルコやブルガリアで多く栽培されています（ダマスクローズの子供にあたるのが、前述の「ロサ・アルバ」で、香調が受け継がれています）。

ここでは、バラの香りのデザートのレシピをご紹介します。香りのよってストレスが緩和されれば、美しい肌を手に入れられるかもしれません。

※Mika Fukadaほか、「Effect of "rose essential oil" inhalation on stress-induced skin-barrier disruption in rats and humans. 」Chemical Senses,Vol. 37(4) (2012)

バラの香りを生かすレシピ

作ってみよう

桃のコンポートとバラのカスタード

材料(4人分)

桃……2個
白ワイン……100㎖
砂糖……200g
水……400㎖

バラのカスタードの材料

バラ(乾燥花びら)……2g
牛乳……100㎖
卵黄……1個分
砂糖……25g
薄力小麦粉……10g

作り方

1. バラのカスタードを作る。牛乳を沸騰直前まで温め、バラの花びらを加え、ふたをして10分ほどおき、香りを移す。卵黄に砂糖、薄力小麦粉の順に加え、その都度よく混ぜる。牛乳をざるでこしながら加え、とろみが出るまで火にかける。バットに移し、すぐに冷やす。

2. 桃のコンポートを作る。桃を洗って半分に切り、種を取り除く。鍋に桃、白ワイン、砂糖、水を入れ、沸騰させ、落しぶたをする。約5分弱火で加熱した後、汁ごと冷やし、皮をむく。

3. 器にバラのカスタードを敷き、**2**を盛りつける。

華やかなバラの香りのロマンティックなデザート。
桃は食感を活かすため、そのままコンポートに。

ブランディング × 香り

本書では、料理の組み立てや食の享受に活かすことを目的に、香りに関する様々な知見を紹介してきました。料理や香りに関する知識・技術は、それ自体で人の役に立つものかもしれませんが、少し視点を変えることで、社会の中のより多くの場面で、違った価値を提供できる可能性を持ちます。

最終章では、これまで見てきた内容を社会の中で生かし、豊かな食文化を創造していくための鍵を探っていきましょう。

香りが喚起するイメージを、
ブランディングに
役立てましょう。

実習テーマ

香り食材をブランディングに生かそう

「香り」をシンボルに使う

使うもの

学校や企業のブランディング（ブランド化）を行う時、花や樹、
果実、野菜、ハーブ、スパイスなど香りのある食材をシンボル
に選んでみませんか。

手 順

ステップ1

1. 当企業・学校の理念や沿革をまとめてみる。

2. 現在の所属者の意識をアンケートや意見交換会で集める。

3. 当企業・学校の未来への抱負を言葉にまとめる。

4. 1〜3をふまえ、特徴とブランディングの方向性をキーワードにまとめる。

ステップ2

1. 当企業・学校の所在地域の産業にはどのようなものがあるかを調べる。

2. 該当施設の所在地域には、どのような歴史・文化があるか調べる。

3. このなかに、香り食材と関連する情報を探す（巻末の事典部分も参考に）

ステップ3

1. ステップ1とステップ2が適合する香り食材を見つける。

ステップ4

1. 採用する香り食材が決まったら、食材のもつ魅力を最大限、活用する。

　例えば…
　・オリジナルの料理レシピや飲料レシピを考える（学食や社食などで提供）
　・校庭に植える（社内で育てる）ことで、内外にアピール
　・学校祭などのイベントで香りを楽む取り組みをする
　・食材ゆかりの地を取材してさらに理解を深める…など

Q 香りを使ってブランド価値を高めよう

**目に見えなくとも、強い印象を残す
「香り」。もっと活用できるはず。**

食品売り場を見回りながら、"紅茶は、いつもこのブランド""この会社の海苔なら、贈り物にも間違いはない"などと、ブランド性をもとに購入を決めたことはありませんか。

「ブランド」とは、英語の「burnd」(焼き印を押す)から派生した言葉で、もとは所有権を表すための刻印(出所表示)を意味していました。現代では、主に企業が、自社商品を他のメーカーから区別するための識別記号を指すことが多いのです。

食品ブランドであれば、安全性やおいしさの保証(品質保証機能)、消費者に商品について伝えるコミュニケーション手段(宣伝広告)の役割を果たしています。継続的に顧客の獲得を目指す企業にとっては、ブランディングは重要な課題です。五感に訴える刺激はすべてブランドのアイデンティティに関わりますが、従来は、主に視覚的要素(ブランドロゴや色彩など)、聴覚的要素(テレビCMで企業名とともに短いメロディーが流れるなど)だけを重視してきました。

しかし近年では、嗅覚を使ったブランディングは以前より注目されてきたようです。

ある大手コーヒーチェーン店では、事業拡大で効率化が進む中、あえて創業当時のように、店内で随時コーヒー豆をひく方針に、立ち戻ったといいます。豆をあらかじめ挽いておけばスタッフの手間は省けますが、それによって店内の"挽きたての香り"は失われてしまう。来店者にとって、それが言葉を使わない強力なシグナルとして働いていたことに、当社は気付いたのです。

また現在では、多くのホテル等宿泊施設や航空会社、アパレル企業などで、調香したオリジナルフレグランスをブランディングの一環として取り入れている例が見られます。

『五感刺激のブランド戦略』の中で、著者のM.リンストローム氏も、嗅覚や味覚・触覚を使った訴求の重要さについて指摘しています。彼が五感とブランドの研究を開始するきっかけとなったのは、東京・新宿での夏の日のある出来事でした。すれ違った人の香水の香りに気づいた時、彼の心は突然、25年前のデンマークの子供時代にタイムトリップしたのです。香水は子供時代の友人の母親がつけていたものと全く同じでした。この経験は非常にリアルで強烈で、感情に強く結び付いたものだったのです。

この例のように、香りを嗅いだ途端に古い記憶が鮮明に蘇ることは、香りの"プルースト効果(プルースト現象)"と呼ばれています。フランスの作家マルセル・プルーストの長編小説『失われた時をもとめて』の中の描写で、ティーに浸したマドレーヌの風味をきっかけに、主人公が幼少期の記憶を鮮明に蘇らせたことにちなんで名付けられています。

香りは、人の中に思いがけない大きな印象を残していきます。私たちが今日、何気なく選ぶ商品やサービスのブランドイメージにも、実は香りの力が大きく貢献しているかもしれません。

香りで古い記憶が蘇ることは「プルースト効果」と呼ばれている。写真はマルセル・プルーストが描かれた切手。

Q 香りの知識を、レシピ創造に生かそう

「エル・ブリ」のメニューを例に、
香りの工夫について考えます。

「『エル・ブリ』が今日あるのは創造性のおかげである。創造性こそがスタッフの情熱と献身を支えているのはもちろん、人々がエル・ブリに行きたいと思う理由がそこにあるからだ」。
『エル・ブリの一日』（フェラン・アドリア他、著）には、そう記されています。

フェラン・アドリアの「分子ガストロノミー」が、科学的知識を応用した新しい調理法を提示し、その斬新さで世界的に大きな注目を集めたことはよく知られています。彼が率いるレストラン「エル・ブリ」では、ゲストのあらゆる感覚・感情・知性を働かせ、驚きを与えるような食体験がもたらされました。

本書に記載された創作メソッドⅢ「五感を駆使する」という節では、香りに関連する工夫の例として、二つの料理のケースが紹介されているので、どのようなアイデアか見てみましょう。

一つは、「チョコレートスポンジ、ミントアイスクリームとオレンジの花風味のカンゾウ添え」という名が付いたデザートです。テーブルに運ぶ直前に温め、オレンジ花のスプレーをかけ、ガラスの覆いをしておくのです。お客様の目前で覆いを外すと、ふわりと香りが広がるよう段取りするのでしょう。

確かに、凍らせた食材をつかう場合、低温により香り分子が蒸発しにくいのは難点です。ミントアイスに含まれる香り物質「メントール」は、口の中に入れて温度が上がるまで香りを感じにくいのです。デザートが運ばれてきた時の香りのインパクトを、香りスプレーで補強するというアイデアです。

もう一つは、「ゲストが料理を食べている間に、ローズマリーの香りを楽しめるようにしたウミザリガニの料理」。ソース材料やトッピングにロー

ズマリーを使うのでなく、ゲストが香りを嗅ぎながら食べる、という料理のようです。

本書でもすでに見たように、食べ物を嗅覚で感じる場合、香り分子が運ばれてくる経路は2種類あります。鼻先から漂って鼻の穴の奥に達する香り（鼻先香）、もう一つは、口の中で食べ物を咀嚼し飲み込む過程で呼気にのってきた香り（戻り香）です。後者は味覚と合わさって"風味"として感じられます（⇒第1章参照）。

この二つの嗅覚では、感じ方が異なるという報告もあり、同じ素材だからといって同じ印象とは限りません。この料理では、意識的に鼻先香を使わせるようにしています。

また、ローズマリーは香り要素だけでなく、苦味などの味覚要素も持っているハーブです。香りは加えたいが、味の方はソースに加えたくないという場合もあるでしょう。さらに、ローズマリーを視覚的に意識しながら味わう場合と、そうでない場合でも、味わいの印象は異なる可能性もあります（クロスモダリティ⇒p148参照）。

おそらくこれら諸々の配慮から、「料理に含ませず、よい香りを別途嗅ぎながら食べてもらう」という、他のレストランであまり見かけないサービス方法の発想が、『エル・ブリ』で生まれたのではないかと考えられるのです。

通常の食事の際、私たちは風味に嗅覚がこれほど貢献していることを忘れがちです。おいしさ＝味覚あると思い込んでいるところがあります。料理と嗅覚の関係について、改めて意識させる一皿であることは間違いなさそうです。

Q クリエイティブなレシピ作りがしたいのですが…

創造的になるために必要なものは何か、
アメリカの学者が研究しています。

心理学博士テレサ・アマビル（T.M.Amabile）
の、「創造性の構成理論（Componential Theory
of Creativity）」によると、創造性は、3つのも
ので構成されます。「分野についての専門的知識」
「創造的思考」「モチベーション」の3つです。

料理の分野で創造性を発揮したい時、どのよう
なことが必要になるのでしょうか。この理論をも
とに、例えば、「香りの良さが魅力の新料理レシ
ピ作成」に取り組む場合を考えてみよう。

① 専門の知識（domain-relevant skills）

創造性発揮のベースとなるのは、その分野の専
門知識です。

地道な作業かもしれませんが、まずは食材や調
理法、先例レシピ、利用の歴史などについて、よ
く調べて知識を身につけておきましょう。香りの
良さが魅力の料理であれば、各ハーブやスパイス、
野菜や果実など食材の風味の特徴や、調理上の注
意点について知ることも重要です。もちろん、香
り分子の性質や、嗅覚の仕組みについても知って
いれば、調理法や提供法に十分な配慮ができるよ
うになります。

そもそも専門知識がないと、そのアイデアが新
しいものかどうか、実現可能なものかどうか、判
断がつかないこともあります。

② 創造的な思考（creativity-relevant skills）

創造性の発揮と聞いて、多くの人が思い浮かべ
るのが、この能力かもしれません。新しいアイデ
アを出す時の発想の力です。

食材の組み合わせを変えてみる、加熱の調理方
法を変えてみる。現状のなかでも、視点を変えら
れれば、様々な可能性が見えてきます。

また、料理とは別の分野のことを知る。心を揺
さぶられる芸術に触れる。自分の常識が通用しな
い、他国の調理法や歴史上のレシピを参考にして
みるなども有効でしょう。もちろん周囲の仲間と
のディスカッションも、創造的思考のための刺激
になるに違いありません。

③ モチベーション（task motivation）

新しい料理レシピを考えること、それ自体に楽
しさ、ワクワクした気持ちを感じているでしょう
か。"人を驚かせ、喜ばせられる新メニューを作
りたい" "定番料理に一工夫して、新しい風味が
できたら面白い"

報酬や名声のような「外因的モチベーション」
よりも、さらに強く創造性を力づけるのが、個人
の「内因的モチベーション」です。あなたの興味
や探求心、喜びはどんなことに向かっているでし
ょうか。創造的な仕事で成果を出すエネルギーの
源泉は、本人の心持ちなのです。

テレサ・アマビルの「創造性の構成要素」

その分野に関する知識や技能、才能などが含まれます。

ここでいう「専門知識」は、正式な教育課程で習得したものだけに限りません。テーマについて探求したり、問題を解決したりする必要な、頭の中の知的「スペース」のようなものです。仕事や趣味の経験からくるノウハウ、人との交流のなかで得た考え方なども含まれます。このスペースが広ければ広いほど、創造性に結びつきやすいのです。

すでにあるアイデアをもとに、それを柔軟に組み合わせて、新しいアイデアを出す思考です。

ものごとを別の角度からとらえたり、一見関係のない分野の要素を加えることなどに長けることが、創造性につながります。また、難しい課題に粘り強く、とりくみ続ける力なども、ここに含まれます。

専門知識
domain-relevant skills

創造的思考
creativity-relevant skills

創造性
Creativity

モチベーション
task motivation

人が実際に何をアウトプットするか、それはモチベーションで決まります。

報酬や名声など外因的なものは、創造性を阻みませんが、それほど創造性を高めるわけではありません。本人の興味や探求心、情熱など、内因的なモチベーションが、創造性を高める重要な要素となります。

クリエイティブになるには3つの要素が必要なんですね

創造性は、分野に関する専門的知識、創造的思考、モチベーションの三つの要素で構成される。

アイデア創出のための
クリエイティブ・ディスカッション

美食家ブリヤ＝サヴァランは、著書『美味礼賛』の中で、「新しいごちそうの発見は、人類の幸福にとって新しい星の発見に勝るものである」と言ったそうです。

新しいレシピを開発するために、アイデア創出のためのディスカッションをチームで行ってみませんか。一人で考えるのではなく、飲食店や学校・地域活動のなかで、チームメンバー皆で創造的なアウトプットをする方法です。

ここでは、多くのアイデアを募るメソッドとして「ブレインストーミング」、アイデアをまとめる方法として、「KJ法」をご紹介します。

＜ブレインストーミング法＞

新レシピにつながる良いアイデアを得るために、まずは参加者みんなで発想を拡散させていきましょう。「そのレシピは実現可能か」「本当においしそうか」などのチェックは、ブレインストーミングでは行いません。まずは遊び心をもって、数多くのアイデアをだすことで、新レシピの可能性の幅を広げることが大切。あなたがジョークで出したそのアイデアも、他の参加者の発想に繋がるかもしれません。

この方法には、4つのルールがあります。[※1]

＊ルール＊

1　他人の発言に対し、批判を含む反応は控える。
2　自由奔放なアイデアを重視。
3　量が大切。質にこだわらず、多くのアイデアを。
4　便乗歓迎。他人のアイデアからの発展もOK。

＊進め方＊

1　アイデアを出すテーマを決め、参加者は車座に座る。全員から見える黒板や大きな紙を用意。
2　順番を決め、参加者は思い付いた意見を順に出していく。意見は質に関係なく、すべて黒板等に書き取る。

3　意見が出なくなるまで何周でも回す。各自あまり考えこまず、スピーディに行う。

注意：発言の質やオリジナリティは、評価されない場であることを参加者に周知する。実現性について判断せず、幅広く可能性を洗い出すことが目的。単独で実現性のないアイデアも、他の発想のきっかけになることもある。
ブレインストーミング終了後には、大量に出された発言をまとめ、生かせる形にしておきましょう。まとめ方には、KJ法があります。

＜KJ法＞[※2]

＊進め方＊

1　出てきた大量のアイデアを、すべて別々に小さなカードに書く。
2　カードを机の上に並べ、似た内容のカードを束にグループ化する。まとめられない単独のカードは、無理にグループに入れなくともよい。
3　カードの束ごとに、どのような「タイトル」がふさわしいか考える。付箋などでタイトル名を貼る。
4　束ごとのタイトルを眺めてみよう。各グループ間の関係性はどうなっているだろうか。関係がありそうな束同士を近くに置くなど、配置を変えながら、整理していく。
5　黒板やノートなどに、各束のタイトルがどのような関係性になっているか、図解する。最後に、得られたことを書き出す。

※1「ブレインストーミング法」は、Alex F. Osbornによって提唱されたメソッドで、現在でも、集団から新しい発想を引き出すために行われている。1942年の著作『Applied Imagination』に、参加者が守る4つのルールが示されていた。

※2「KJ法」は、文化人類学者の川喜田二郎によって、データを効率よくまとめるために考案された手法。

〜 ディスカッションの活用例 〜

課題：「山形県名産の食用菊『もってのほか』を生かす新料理レシピを、開発しよう！」

食用菊は、これまでも和食の副菜として親しまれ、調理法は酢の物や和え物が主でした。この食材の特徴や魅力を整理し、グループ・ディスカッションで新レシピの可能性を探ってみましょう

＜ステップ1　事前準備と情報共有＞

ディスカッションのまえに、食材に関する知識を収集し、メンバーに共有しておきましょう。知識の有無は、創造性に大きく影響します（⇒P157参照）

- 食材の特徴は？（原産地、栄養、風味、色）
「もってのほか」は、薄紫の色彩が鮮やかで美しく、風味が良い。しゃきしゃきと歯ざわりもよい。菊花の食用栽培は、世界でも、日本の東北から北陸地方のみに限られ、欧米には見られない食材。
- 可能な調理法は？（生食、切り方、加熱法）
「もってのほか」は、従来の酢の物調理などの場合、熱湯にいれ短時間ゆがいて、料理に使うことが多かった。繊細な素材で、煮込むなど長い加熱には不適と考えられる。
- 相性のよい味付けは？（調味料、トッピングなど）
「もってのほか」は和食のなかで、主に醤油や酢、味噌の風味と合わせられてきた。そのほかの調味料との相性を試みるとどうだろうか。
- 季節感はあるか？
食用菊である「もってのほか」。菊は秋の季語で、秋を象徴する花である。
- その他、歴史・文化的ストーリーがあるか？
中国では、菊は古くから延命の薬とされてきた。9月9日は重陽の節句とされ、菊酒をのんで邪気をはらい長寿を願う習慣があり、日本にも伝わっている。菊料理は、健康・長寿を願うメニューとして紹介できるのでは？

＜ステップ2　ブレインストーミングの実施＞

食用菊「もってのほか」についての知識を、参加者が共有したうえで、どのような新レシピの方向性が考えられるかアイデアを募ります。
様々な意見の例

- エディブルフラワーとしてスイーツにトッピングすれば、きれいな色味が生かせるのでは。
- 揚げ衣に入れると、色味が生かせるのでは。→高熱調理では、香りが飛ぶのではないか。
- おひたしの醤油・酢の代わりに、バルサミコ酢・オリーブ油を使ってはどうか。マヨネーズはどうか。
- 他の秋の食材（里芋や栗、柿）と合わせ、季節感を表現した料理にしてはどうか…etc.

＜ステップ3　「KJ法」の実施＞

様々な発言をKJ法でまとめていきます。
バラバラに見えるアイデアのなかに共通点を探り、グループ化します。大量のアイデアのなかに、いくつかの方向性が見えてきます。
例＝①洋風の味付けを試みる　②きれいな色味を生かす　③季節感をいかしたい

＜ステップ4　具体化、試作へ＞

ステップ3で得られた方向性をもとに、料理をイメージし、試作案を考える。
例＝「菊花の洋風マリネ」「里芋アイスクリーム、菊花トッピング」など

後日、試作・試食し、評価を行う。
ディスカッションと試作を繰り返して、完成に近づける。

★最後に実現性のチェック
調理技術／調理道具／手間／時間／費用など

香りの食材辞典

香り豊かな食材、53種。花や果実、ハーブ、スパイス、野草、きのこ…、
それぞれの食材が、香りを楽しむ新レシピのヒントを与えてくれます。

花

【すみれ】

英名／Violet
科名／スミレ科
香気成分／α-イオノン（花）、
スミレ葉アルデヒド、
スミレ葉アルコール（葉）など

【桜】さくら

英名／Cherry blossom
科名／バラ科
香気成分／ベンズアルデヒド、フェニルエチ
ルアルコール

スミレ属は、熱帯から温帯にかけて分布し、世界に500種ほど見つかっている。日本には60種ほど生息。ヨーロッパ原産のニオイスミレは香り高いが、日本のすみれは香りがほとんどないものもある。しかし本州から九州の樹林に自生する叡山菫（エイザンスミレ）などは、よい香りで知られる。ニオイスミレ（スイートヴァイオレット）は多年草で10〜15年生育する。薬用ハーブとして、古代ギリシアでは鎮静効果が知られていた。15世紀頃には、ポタージュ、ソースの材料として、花はサラダの材料としても使われていた。

現代の栽培で著名なのは南フランスの村・トゥレットで、以前は当地の花から香料が採られたが、現在では葉から香料が採られるのみとなっている。

すみれの香りは、砂糖漬けやアイスクリームなどの菓子類、またリキュールなどに用いられる。花や葉は食用できるが、根茎や種子には毒性があるので、誤食しないよう注意が必要。

サクラ属サクラ亜属の落葉広葉樹。温帯から亜熱帯に広く分布する。日本で広く普及しているソメイヨシノは、江戸時代に交配・育成された。

ソメイヨシノでは花の香りは弱いが、桜の仲間には、スルガダイニオイやオオシマザクラなど、匂いのはっきりとした品種もある。近年は、それらの香りの傾向が、一通りでないことが確認されている。一つにはグリーン感（フェニルアセトアルデヒド）とフレッシュ感（リナロール）が特徴のもの、二つ目としてスイート感（アニスアルデヒド）とパウダリー感（クマリン）が特徴的のものがある。さらに、これら両方の要素を兼ね備え、さらにメチルアニセートとクマリンに由来するパウダリー感を持つタイプがある。

桜の葉や花の香りを利用した食べ物には、桜餅や桜湯、花酒などが知られる。

【 スイカズラ 】

英名／Honeysuckle
科名／スイカズラ科
香気成分／リナロール、リモネン、
ジャスミンラクトンなど

国内では北海道南部から沖縄まで山野に自生している。茎は細長いつるとなり、他の植物に絡まって育ち、10mほどになることもある。

初夏、フローラルな甘い香りの花が、二つずつ対に咲く。先始めは白く、その後黄色になることから、白と黄色の花が同時に見られることも多い。蜜があり花を吸うと甘いため、この名がついたといわれる。

中国では古くから茎や葉が不老長寿の薬と重んじられてきましたが、明代になり花も薬用とされた。乾燥させた花は、生薬「金銀花」として、解熱、解毒剤として使われる。葉は「忍冬（にんどう）」と呼ばれる。冬も枯れず常緑なところから来た名だろう。忍冬酒は徳川家康もたしなんだ薬酒として知られる。ヨーロッパに自生するハニーサックルもスイカズラの仲間。西欧でもスイカズラの仲間は、ローマ時代から咳の薬などに使われた。

ウォッカや焼酎に半年程度漬けると、金銀花酒となり楽しめる。若葉は、おひたしや和え物に。花も食用でき、かき揚げの一材料とすると面白い。

【 薔薇 】ばら

英名／Rose
科名／バラ科
香気成分／ゲラニオール、シトロール、
ダマスコン、フェニルエチルアルコールなど

「花の女王」といわれる薔薇の香りが愛された歴史は長い。紀元前二千年頃のメソポタミアのものとされる石膏板には、バラと考えられる花の香りを嗅ぐ女神の姿が表されている。

日本では、バラの仲間の野生種であるノイバラやヤマイバラ、ハマナスなど十数種が自生し、なかには香り高いものもある。薔薇は夏の季語とされている。

バラ全般に目を向けると、現代の品種は数多く2万種が登録されている。外見が重視され香りが少ない品種もあるが、香りは薔薇の魅力の重要な要素。

『薔薇のパルファム』（蓬田）によると、現代薔薇は、主に①ダマスク・クラシックの香り②ダマスクモダンの香り③ティーの香り④フルーティの香り⑤ブルーの香り⑥スパイシーの香りの6種類の香りの系統に分類されると考えられている。

古くから薔薇の仲間は薬草として重視され、洋の東西を問わず、多くの処方に登場する。婦人科系の不調の緩和にも用いられてきた歴史を持つ。

花

【カモミール】

英名／Camomile
科名／キク科
香気成分／アンゲリカ酸のエステル類など

西アジアからヨーロッパの原産。キク科。カモミールの語源は「大地のリンゴ」の意味のギリシア語に由来する。和名は、オランダ語の「kamille」から、カミツレ(加蜜列・加蜜児列)と表記された。「カモミール」として食用に用いられている品種には、ジャーマン・カモミール(Matricaria chamomilla)とローマン・カモミール(Anthemis nobilis)が知られる。

ジャーマン・カモミールはドイツでは「母の薬草」と呼ばれ、家庭の民間薬として役立ってきた。鎮静作用や抗炎症作用に優れ、修道院に残る処方箋のなかにも多く登場する。ハーブティには、摘み取った生の花、乾燥花の両方が使える。ミントやメリッサとのブレンドもおいしい。

ローマン・カモミールは草丈30cmほどで、りんごのような甘い香り。

ホップが伝わる前のイギリスでは、ビールに他のハーブが使われたが、クラリセージやニガヨモギのほか、カモミールも使われた。

【辛夷】 こぶし

英名／Kobus magnolia
科名／モクレン科
香気成分／シトラール、シネオール

日本国内の山野に自生する樹高8mほどの常緑樹。春、葉に先立って香りのよい白い花をつける。

農事歴と関係が深く、地域によってはこの植物を田の神の依り代とし、水田仕事を始める目安とした地域もある。花の付き方で当年の豊作を占っていたともいわれる。

蕾(つぼみ)は「辛夷(しんい)」という生薬で、鼻炎や蓄膿症など鼻づまりを緩和するといわれる。アイヌ民族も、風邪の際に、コブシを薬として利用していたという。

香りのよい花弁は食用できる。サラダや酢の物などに。また新鮮な花弁をウォッカや焼酎に数週間つけるとコブシ酒となる(花弁をひきあげてしばらく熟成させるとよい)。

果実は赤色で、形が拳に似ていることからこの名がついた。中国では、おなじモクレン科の仲間のハクモクレン(白玉蘭)も食用され、揚げ物の材料にしたり、粥に入れて食される。

【 オレンジフラワー 】

英名／Orange flower
科名／ミカン科
香気成分／ゲラニオール、酢酸リナリル、ネロール、ネロリドール

柑橘類の花は白く可憐で芳しいため、食用や香粧品用に愛好されてきた歴史をもつ。16世紀から17世紀のイタリアでは、食用としてサラダや酢漬けの材料とされた。また林檎に添えられたり、砂糖をかけて食べられていた。

1840年イギリスでは、ヴィクトリア女王が結婚式でティアラの代わりにこの花を髪に飾ったため、以来この花が花嫁のファッションアイテムとして大流行した。

柑橘類のなかでも、ビターオレンジの花からは精油（香料）が抽出され、香水や化粧品の分野で重視された。精油は食用ではないが、抽出の際に副産物として得られる芳香蒸留水・オレンジフラワーウォーター（P90）は中東や地中海地域の台所では必需品で、菓子作りなどに使われる。

フランス王妃マリー・アントワネットも、寒く憂鬱な日にはオレンジフラワーウォーター入りのホットチョコレートを愛飲していたという。

【 ジャスミン 】

英名／Jasmin
科名／モクセイ科
香気成分／Cis-ジャスモン、酢酸ベンジル、インドールなど

インド原産の常緑樹。世界の熱帯・亜熱帯で100種以上が栽培され、「花の王」と言われる。香料に使用される品種（Jasminum grandiflorum）はインドの他、フランスやエジプト、モロッコでも栽培される。白く香りの強い花は夜半すぎに満開になるので、香料を採る場合は、香りの調和した早朝から摘み取りを始める。

香料の採取のほかに、食用ではJ.sambacがジャスミン茶の香りづけに利用される。ジャスミン茶作りでは、20〜30cmの茶葉のうえに同じ厚さの花を並べ、それを何層にも重ねシートをかぶせて時間をおく。それを繰り返すことで、茶葉によい香りを吸着させる。

ジャスミンの生花が入手できた時は、香りを菓子作りに利用することができる。牛乳や生クリームを温めてから火から外し、生花を入れてしばらく置く。すると甘美な香りが移った液ができるので、ブラマンジェの材料などに生かす（加熱しすぎると香りが消失するので注意）。

果実

【 オレンジ 】

英名／Orange
科名／ミカン科
香気成分／リモネン、オクタナール、
デカナールなど

　常緑で明るい色の香り高い実をつけるオレンジは、多くの文化圏で豊かさや生命力の象徴とされてきた。現在、世界の柑橘類生産の3／4はオレンジの仲間で、世界で最も多く栽培される果樹の一つ。主に、スイートオレンジとビター(サワー)オレンジの二つに分かれる。スイートオレンジ(C.sinensis)は、果肉を生食、あるいは加工食品にされるとともに、果皮からは香料(精油)が採油される。ビターオレンジ(C.aurantium)では、花からはネロリ(オレンジフラワー ⇒P90)、葉からはプチグレンという香料(精油)がとられ、香水業界などで用いられてきた。

　オレンジがヨーロッパに中東から伝えられ、普及が始まったのは中世以後だが、以来人気は高まり、17世紀頃にはオレンジの栽培温室をもつことが富裕層のステイタスともなった。ヴェルサイユ宮殿の庭には1000本以上の樹が植えられていた。1800年ごろのイギリスの料理書『製菓大全 The Complete Confectioner』では、果皮の砂糖漬けやオレンジ酒が紹介されている。

　しかし、イギリスでオレンジの果皮の香りを生かした食品といえばマーマレードだろう。イギリスの児童文学を原作とする映画『パディントン』では、マーマレードがストーリー上重要な役割を担う。第2作目では、おいしいマーマレードレシピの秘密は、鼻でしっかりと香りを確かめて良質な果実を選ぶこと、レモン汁少々とシナモン少々を加えることだと示されている。

---

column

柑橘類の祖先

　柑橘類は、2、3千万年程前にインドアッサム周辺で生まれた植物と考えられている。そこから長い時間をかけ、自然交雑や突然変異を受けながら世界各地に広まった。

　現在多くの品種があるが、起源はすべて、インドで生まれた「シトロン」、中国で生まれた「マンダリン」、東南アジアで生まれた「ブンタン」の三種の交雑種に由来すると考えられている。

【 レモン 】

英名／Lemon
科名／ミカン科
香気成分／リモネン、シトラールなど

インド発祥のシトロンを祖先とする柑橘類の一種で、紡錘型の果実が特徴。ヨーロッパには、古代から伝わっていたが、アラブ人により中世から広く普及し、15世紀からはシチリア島やコルシカ島で栽培が盛んになった。ドイツの詩人・劇作家ゲーテは、「君知るやレモンの花咲く土地」と、日差しの強い南の地への憧れを詠った。特に果皮の香りが珍重され、中世の医師は憂鬱症への処方としてレモンをすすめた。17世紀には北ヨーロッパで富裕の象徴として静物画にも描かれた。

他の柑橘類に比較し、糖が少なく酸味が強い。爽やかな香りで、魚介類ともよく合う。南イタリアでは、魚醤とレモンで味付けしたパスタなども楽しまれる。シチリアでは、レモングラニタがよく食され、レモネードスタンドも見られる。
日本には明治期に広まった。日本でも瀬戸内地方を中心に少量栽培されている。

レモンの香りの効果を調べる近年の実験では、この香りが計算作業中の疲労感を軽減させ、活力の低下を予防することが示されている。

【 柚子 】 ゆず

英名／Yuzu
科名／ミカン科
香気成分／リモネン、リナロール、チモール、ユズノンなど

高さ4m程度の常緑小香木。日本には飛鳥時代か奈良時代に大陸より伝わった。日本の代表的な香酸柑橘(酸味が強く生食しない柑橘類)で、高知県や徳島県で多く生産される古名は、ゆのす(柚之酸)。オレンジやレモンなどの柑橘類に比較し、落ち着いた複雑な香りが特徴。

日本料理では季節感の表現や食欲増進に欠かせない香味植物。晩秋には黄柚子の果皮を薄くそぎ、吸い物や茶わん蒸しにする。また青柚子のうちにすりおろして、塩・青唐辛子と合わせれば、柚子こしょうになる。和菓子のゆべし(柚餅子)の材料ともなる。また、江戸の浮世絵師の北斎は、柚子を酒と煮詰めた自作の薬を服用して中風を治したという。

韓国では、柚子の多く柚子茶(果皮を裁断し、砂糖やはちみつなどの甘味と瓶詰め。飲用時は湯で溶く)の原料として使われる。近年では、欧米のレストランでも柚子が取り入れられ、日本から輸出もされている。

食物以外の利用では、冬至に柚子湯に入ると風邪をひかないという、江戸時代にはじまる言い伝えがよく知られる。現代では、柚子湯により入浴後に体の保温時間が延長することが、実験で明らかになっている。

【仏手柑】 ぶっしゅかん

英名／Buddha's hand ／ Fingered Citron
科名／ミカン科
香気成分／リモネン、テルピネン

インド原産のシトロンに繋がる品種で、長さ15〜20cmほどで鮮やかな黄色の果実をつける。果実の先がまるで手指のように裂けた形をしており、仏様の手が合掌しているように見えるため、縁起物とされてきた。江戸時代より観賞用として、正月の床飾りや生け花に用いられている。英語では「フィンガード・シトロン」「ブッダズハンド」などと呼ばれる。現在、国内では九州などで産する。

果肉がほとんどなく白いワタ生食には向かないが、果皮が非常に香り高く、食用としては砂糖漬けやマーマレードに使われる。

なお、高知県の四万十川地域に産する「ぶしゅかん」は、名前は同様だが全く別の柑橘類。こちらは、緑色の球形の果実で採取し、「酢みかん」として酸味のある豊かな果汁を刺身など魚料理に使う。果皮も薬味として用いられる。

【金柑】 きんかん

英名／Kumquat
科名／ミカン科
香気成分／リモネン、ミルセンなど

中国原産の高さ3mほどになるキンカン属の常緑低木。別名ヒメタチバナ。細枝が密生するなかに、2〜3cm程度の楕円形の果実ができる。庭木や鉢物としても人気がある。イギリスの植物収集家ロバート・フォーチュンが19世紀に伝えるまでヨーロッパでは知られていなかった。国内では和歌山県や四国・九州で産し、果皮が厚く甘みの強いニンポウキンカンが多い。欧米では、長卵型で酸味の強いナガミキンカンが見られる。

他の柑橘類と異なり丸ごと食すので、果皮に含まれた香りを口内で十分に堪能できる。一般に果皮は甘いが、果肉は酸味がつよい。樹上でながく完熟させ糖度が高い商品もある。生食の他、砂糖漬けや甘露煮、ジャム、リキュールの材料などに。

生薬名は「金橘（キンキツ）」で、英名の「クムクワット」はこれの広東語読みからきたものといわれる。喉の痛みを鎮め、咳をとめるとされる。煎じて風邪薬ともされた。ビタミンCのほかB₁やB₂が多く、柑橘類のなかでも栄養価が高い。秋の季語。

【 林檎 】りんご

英名／Apple
科名／バラ科
香気成分／酢酸ヘキシル、ヘキサナールなど

原産地は諸説あるがコーカサス地方から西アジア、中央アジアの山岳地帯といわれる。日本では、鎌倉時代には中国から入ってきており、江戸時代には栽培もされていた。品種間による香りの違いがある。現在、日本では30種程度が流通している。

りんごの香りは収穫後に果実が発するエチレンの増加により日々変化する。一説に収穫から2週間程度でフルーティな香りがと甘味が増し、柔らかさが出て食べごろとなる。

また、「みつ入り」りんごのおいしさを感じさせているのは実は糖度ではなく、みつ入りりんごの発する「香り」だと近年確認されている。実験によると、みつ入りりんごは、みつ無しに比べて、フルーティ、フローラルさやスイートさを感じさせ、主観的にも好まれる傾向があったが、ノーズクリップをして香りをブロックした場合には、その差は生じなかったという。みつ部分はフルーツらしい香りを感じさせるエステル類が集積しやすいのだ。林檎の香りは、詩人、歌人の北原白秋の短歌にも詠いこまれている。

---

column

〜「香り」がリンゴらしさを決める？〜
バラ科の果実たち

りんご特有のおいしさを作っているのは「香り」らしい。りんご・桃・梨を比較してみると、味に関わる糖類や有機酸の種類に大きな違いはないという。外観や食感の違いがあるため、私達は通常混同することはないだろうが、もしジュースにして鼻をつまんで飲んだら、どうだろう。私達がこれらを区別するのは難しいと考えられるのだ。

これらのバラ科の果実には、共通して酢酸ヘキシルが含まれる。桃はそこにラクトン類のなどが加わり「甘くミルキーな香り」が特徴、また梨（日本ナシ）であれば、青葉アルコールとそのエステル、モノテルペンなど「グリーンな香り」が加わる。りんごは品種により多様だが、一般に酢酸エチルや酢酸ブチルなどのエステルやアルコール類、アルデヒド類が加わり、「軽くフルーティ香り」となる。

香りの違いが、それぞれの果実のおいしさの個性をつくりだしているのだ。

※田中福代「香りがリンゴの風味を決定する―香気成分の制御機構と変動事例―」日本調理科学会誌　Vol. 50, No. 4(2017)

果実

【花梨】かりん

英名／Chinese quince
科名／バラ科
香気成分／エチルヘキサノエート、
青葉アルコールなど

中国原産の落葉樹で、秋に10〜15cmの卵型の黄色い果実をつける。果実は生食には適さないがよい香りがあり、古くから衣類の香りづけや室内香として使われた。日本国内でも庭木としてよく植えられ、実は秋の収穫後、冬中香りを放つ。秋の季語とされる。

食用としては果実酒やはちみつ漬けにして用いられる。1cm幅程度の輪切りにし、1ケ月程度はちみつ漬け、また焼酎漬けにつけると、香りや有効成分が浸出する。「和木瓜（わもっか）」という生薬としても知られ、咳止めによいといわれてきた。

また、花梨と同じバラ科の植物で果実の似たものにマルメロがある。これは中央アジア原産で、うぶげに覆われた果実の皮には花のような香りがある。16世紀の錬金術師であり医師であったノストラダムスは、マルメロの実は非常に風味がよく，滋養強壮の薬にもなり、時間を問わず美味しく食べられるジャムを作ることができると述べて、この果実を勧めている。その際、香りづけのためには特に皮の部分が大切であると強調されている。

【苺】いちご

英名／Strawberry
科名／バラ科
香気成分／酪酸エチルなどエステル類、青葉アルコール、フラネオール、リナロールなど

這行性の多年生草本で、北半球に約20種が分布している。

いちごは聖母マリアの愛した果実ともいわれる。ヨーロッパでは14・15世紀頃から栽培・食用の記録があるが、これはワイルド・ストロベリーで、現代のものとは異なる。現代では国内でもさまざまな食用品種が見られるが、原形となったのはオランダイチゴ。これは北米原産のバージニアイチゴと南米のチリイチゴがヨーロッパで交配されたもので、ベリー類のなかで最も普及しており、生食のほか、ジュースやジャムに加工される。

イチゴの属名はFragariaだが、この語源には「香る」の意味がある。古くから、香る果実として知られていた。またフランスでのイチゴの花言葉も「香気」。

しかし現代、菓子など多くの加工品で使用されるフレーバー「イチゴの香り」には、果実から得られる天然香料は使われず、合成香料が用いられている。生の果実そのものの香りは非常に複雑で、また変化しやすいのだ。

【 パイナップル 】

英名／ Pineapple
科名／パイナップル科
香気成分／2-メチルブタン酸エチルなどエステル類、フラネオールなど

南アメリカの熱帯地方原産。木ではなく多年生草本で、30〜50cm程の茎の上に果実ができる。現在ではフィリピン、コスタリカ、ブラジル、などで多く生産される。

パイナップルは追熟（収穫後に時間を置くことで甘さや香りを増すこと）させる果実ではない。国内ではフィリピン産のものが多く流通するが、これらは食用に適した状態で出荷されているので、入手後は早めに食べた方が香りがよい。調和した香りのバランスを保つためには、もし保存する時は7℃程度が適切。温度が高め（13.5℃）、低め（2℃）でも、不快臭が増えてしまうことがわかっている。1個の果実でも風味は均一でなく、底部が一番甘い。

日本で最も古くから知られたトロピカルフルーツで、デザートとして生や氷果で食用される。またケチャップやソースなど調味料にも加えられる。タンパク質分解酵素を含むので、肉を柔らかくすることから肉料理の下ごしらえに使うことができる。ただし加熱すると酵素が働かなくなるので注意したい。

【 バナナ 】

英名／ Banana
科名／バショウ科
香気成分／酢酸イソアミル、オイゲノールなど

熱帯アジア原産で、現在は中南米で多く生産されている。高温多湿の気候で育つ、樹高3〜4mの多年生草本。熱帯地方の重要作物で、世界で最も多く食べられている果実の一つ。現在130種ほどの品種がある。主食としている地域もある（甘くないバナナの仲間は「プランテン」と呼ばれ、加熱調理されることが多い）。

国内で見られるバナナの多くは、生産地でまだ緑色のうちに収穫し、黄色い状態まで追熟させたもの。完熟すると糖度が20％と甘くなり、酸味も増えてくる。バナナらしい香りを感じさせる酢酸イソアミルも、熟すとともに増加し、オイゲノール（クローブのようなスパイシーな香り）も増え、独特の風味となる。生食のほか、焼く、揚げるなどの加熱調理もおいしい。

バナナの葉にも香りがあり、抗菌作用を持つため、生産地ではさまざまな用途に役立てられてきた。食材をのせる食器、包んで持ち歩く梱包材、包んで加熱する調理用具、調味料として役立ってきた。

ハーブ

【セージ】

英名／Sage
科名／シソ科
香気成分／1.8シネオール、カンファー、ボルネオール、ツジョンなど

地中海原産で草丈30〜75cmほどの植物。長楕円形の柔らかい葉を利用する。ヨーロッパでは「セージが庭にある家には病人がでない」といわれる。属名のSalviaは「救う」という意味に由来する。薬草として重視されてきたハーブで、殺菌・強壮・消化促進などの作用があると考えられてきた。ミツバチが好んで採蜜する植物でもある。

葉は鋭く印象に残る香りでほろ苦さがあるので、まずは少量から使い始めるとよい。豚肉をはじめ脂分の多い肉や、レバーや羊肉などクセのあるものなど、肉料理全般によく合う。詰め物やソーセージを作る際にも欠かせない。またイギリスのダービーシャーのチーズで、セージを混ぜ込んだダービーセージチーズがある。爽やかな香りと緑色の大理石模様が珍しい。

コモンセージの他に、パイナップルセージやチェリーセージ、ホワイトセージなどがある。

【タイム】

英名／Thyme
科名／シソ科
香気成分／カルバクロール、チモール

地中海沿岸原産の10〜30cmになる多年草。変種が多く世界に100種以上あると言われるが、よく見られるコモンタイムでは、細い枝に長さ6〜7mm、幅2mm程度ごく小さな葉がつく。花は白から紫やピンク色。和名は「たちじゃこう草」。同じ品種でも、産地や気候により著しく香りが異なるもの（ケモタイプ）もみられる。

タイムの属名のThymus は、語源を辿ると「香らせる」という意味に由来し、古くは宗教的な場での薫香として用いられたと考えられている。また抗菌作用、防腐作用に非常に優れ、薬草として用いられてきた。ハーブティを作りうがいをすると風邪の予防にもなる。

ミツバチの採蜜花としても知られ、古代ギリシア人は、タイムから採れたハチミツを楽しんでいたといわれる。古代ローマ人はチーズの風味づけにも用いた。

魚や肉の生臭みをマスキングし、清々しい芳香を加える。シチューやスープなどの煮込み料理、牛肉入りのコロッケなどに加えるとよい。ブーケガルニにも欠かせない。

【ミント】

英名／ Mint
科名／ シソ科
香気成分／ メントール、メントン、
1.8-シネオールなど

交配しやすいため種類が多く、世界には500種以上もミントの仲間が見られる。よく知られるペパーミントもウォーターミントとスペアミントの交雑種。他にアップルミント、パイナップルミントなどがある。

清涼感ある香りは古くから利用された。古代ローマ人は消化機能を助ける働きに気づき、ソースに使用したり、宴会の際にこの植物で作った冠を頭に載せていたという。

江戸時代の本草書『本草図譜』では、薄荷の頁に「めくさ」と書かれている。目の疲れの緩和に用いられたためと考えられている。

ティーのほか、チョコレートやアイスクリーム、ココナツミルクを使ったデザートなどに用いられる。地中海から中東の国々では乾燥葉が羊肉料理に、イギリスではラム肉のローストにミントソース（ビネガーや砂糖と合わせる）が用いられる。なおペパーミントの香りは花の開花時期を境に変化し、一般に開花後では香りの質が落ちるとされる。

【レモンバーム（メリッサ）】

英名／ Lemon balm (Melissa)
科名／ シソ科
香気成分／ シトラール、シトロネラール

南ヨーロッパ原産の草丈30〜80cmの植物。卵型の葉にレモンのような甘く爽やかな芳香があることからレモンバームの名前がついた。また別名のメリッサの名は、古代ギリシアのミツバチを司るニンフの名前に由来し、実際この植物の花にはミツバチがよく集まる。

中世の修道女・ビンゲンのヒルデガルドは、ハーブに関する知恵も多く残しているが、メリッサについて、「心を快活にさせるハーブ」と教えている。

生や乾燥した葉をハーブティに用いるほか、細かく刻んでドレッシングやソースの香りづけ、フルーツのコンポートやゼリーのトッピング、卵料理に混ぜ込むなどの利用法がある。味には多少苦味がある。

近年の研究では、レモンバームの抽出液には血糖値の上昇抑制効果があることが明らかになり、注目されている（『レモンバーム抽出液のＤＰＰＨラジカル捕捉活性および血圧上昇用抑制効果』より）。

ハーブ

【 バジル 】

英名／Basil
科名／シソ科
香気成分／メチルカビコール、リナロール

インドなどアジア原産と考えられる植物。変種が多いが、よく見られるスイートバジルは草丈20〜70cmになる一年草で、先のとがった卵型の葉を持つ。暑さに強く夏場よく育つ。スパイシーで甘味のある香り。バジルの名前は、ギリシア語の「王」を意味する言葉に由来している。「バジリコ」とも呼ばれる。

イタリア料理ではオリーブ油やトマトを使った料理に合わせられる。ジェノベーゼソースは磨り潰したバジルとにんにくの風味を中心的としたソースだ。また東南アジアの料理では葉がやや硬く香りが強いホーリーバジルが、炒め物や揚げ物によく用いられる。葉が赤紫色の赤バジルもある。

バジルの種子は、黒ゴマのような外見でバジルシードと呼ばれ食品として流通する。水分を含ませると周囲が透明のゼリー状に固まるので、東南アジアではこれに甘味をつけてデザートにされる。また江戸時代の日本では、これを目の汚れを取り除いていたためバジルは「メボウキ(目箒)」の名で呼ばれ、薬用植物として扱われていた。

【オレガノ】

英名／Oregano
科名／シソ科
香気成分／カルバクロール、チモール、メチルカビコールなど

地中海沿岸を原産とする草丈60〜90cm程の植物。「ワイルドマージョラム」と呼ばれることもある。暗緑色で卵型の1cmほどの葉は、スパイシーで甘味のないハーブ調の香り。属名のオリガナムの語源は、「山の喜び」を意味するギリシア語に由来する。

古代ローマの美食家アピキウスの料理本でもすでに利用され、仔牛の炒め物や穴子のローストのソース、舌平目のオーブン料理の風味付けのレシピに登場する。

現代では、トマトの風味に合うのでトマトソースに加えたり、ビーフシチューなど肉料理に用いられる。またピザにも合い「ピザ・ハーブ」ともよばれる。イタリア料理やメキシコ料理でよく見られる。抗菌や抗酸化の働きを持つハーブといわれる。

同じ属内に、スイートマージョラムがある。オレガノよりも甘味がある香り。生葉をサラダに散らせたり、乾燥葉はスープ、ソーセージなどに使うとよい。

【 パセリ 】

英名／ Parsley
科名／ セリ科
香気成分／ アピオール、ミリスチシン

地中海原産の二年生草本。草丈50〜80cmになるが、低く育つことが多い。日本でポピュラーな葉の縮れたカールドリーフ種、イタリアンパセリのようなフラットリーフ種がある。

パセリの特徴的な香気成分のアピオール（パセリ・カンファー）は揮発しにくいため、食前よりも口内で風味を強く感じるようになる。栄養的にも優れており、鉄分などミネラルやビタミンAなどが含まれる。江戸時代には貝原益軒の『大和本草』に「オランダゼリ」として紹介されていたが、栽培は明治以降。

イタリアの女優ソフィア・ローレンは、1975年の来日時、パセリが主役のパスタソースを教えていた※。フライパンにカップ半分のオリーブ油を温め、4片のにんにくを粗く刻んで投入、一枝のパセリをみじん切りして入れ、塩で調味しただけのシンプルなソース（4人前）。パセリの香りの鮮烈さが、にんにくの力強い風味、オリーブ油によく合う。

※1975年5月20日朝日新聞朝刊より引用

【 タラゴン （エストラゴン） 】

英名／ Tarragon
科名／ キク科
香気成分／ メチルカビコール、サビネン、オシメンなど

南ヨーロッパからシベリアが原産とされるヨモギ属の植物。ロシアタラゴンとフレンチタラゴン（別名エストラゴン、フランス語の「小さな竜」に由来する）がある。ロシアタラゴンはサビネンが主成分で草のような香りが強いのに対し、フレンチタラゴンはメチルカビコールが主成分でアニスのような甘い香りがあり、香調はかなり異なる。味には、若干の辛味や苦味がある。料理に使われるようになったのは遅く、中世以後とされる。日本には大正時代に渡来した。

葉は、エスカルゴや野鳥料理、オムレツなどの卵料理やグラタンなどクリーム系の料理にも用いられ、「食通のハーブ」とされている。ステーキや魚に沿える、ベアルネーズソースには欠かせない。フィーヌ・ゼルブにも使われる（3〜4種のハーブミックスで、「みじん切りしたハーブ」という意味がある）。

フランスでは、白ワインビネガーに漬け込んだタラゴンビネガーが家庭で作られ、市販もされている。マリネやピクルス作りに使われる。

【 ディル 】

英名／ Dill
科名／セリ科
香気成分／フェランドレン（葉）、カルボン（シード）、リモネンなど

インドから西アジア、南ヨーロッパが原産とされる、草丈60〜150cmになる一年生草本。同じセリ科のフェンネルと形が似ている。

紀元前数千年前のメソポタミアのものとされる粘土版には、すでにディルが用いられていた記録がある。エジプトでも利用され、その後古代ギリシア、ローマへと伝えられた。

また古くから消化器系の鎮静作用や駆風作用で知られ、生薬としても用いられていた。この名は「鎮める」という意味を持つ古いスカンジナビア語に由来するといわれる。

全草に香りがあり、葉はすっきりした香りでやわらかく、スープや料理に添えて使うことができる。魚介類やジャガイモ、チーズ、サワークリームになどに合う。ロシア料理でもよく使われる。また乾燥させた種子は、ディルシードと呼ばれ、少し刺激的な香りのスパイスとして用いられる。ライ麦パンなどの香りづけ、ワインビネガーに漬け込んでピクルス液として用いられる。

【 ローズマリー 】

英名／ Rosemary
科名／シソ科
香気成分／αピネン、1.8シネオール、カンファーなど

地中海原産の常緑低木。針のような尖った葉を持ち、うす紫や青色の花をつける、乾燥した気候を好む植物。属名はRosmarinusで、「海のしずく」の意味がある。常緑のため、和名に「まんねんろう」と呼ばれる。交配しやすく多くの品種が見られ、垂直に伸びる立性のものや地面を這うように伸びるほふく性のもの、半ほふく性のものなどがある。

葉は清涼感のあるクリアな香りを持ち、古来記憶力を高める香りとされ、古代ギリシアでは学生たちは花輪を髪にさして勉強をした。また愛の不変を象徴するとされ、結婚式に贈られた。若返りのハーブとしても知られ、14世紀に、老齢のハンガリー王妃エリザベート1世がこの植物を主体とした薬を用いて養生したところ、健康と若さを取り戻したという逸話もある。

葉は、羊や鹿肉、豚肉など個性の強い肉や、脂ののった魚に合う。臭み消しになると同時に素材の風味を引き立てる。またクッキーやスコーンなどの焼き菓子、フォカッチャにも混ぜ込まれる。少量から試すとよい。青から薄紫色の繊細な花は、砂糖漬け（P108）やデザートのトッピングにも。

スパイス

【 にんにく 】ガーリック・大蒜

英名／ Garlic
科名／ヒガンバナ科
香気成分／ジアリルジスルフィドなど

単子葉植物の多年草。中央アジアから南アジアの原産と考えられているが、この地域に野生種は見られない。スパイスとしては、主に香りの強い鱗茎（球根）が用いられる。紀元前1500年以前に書かれた古代エジプトの医学書『エーベルス・パピルス』にもすでに処方に加わっている。ピラミッド造営に携わる労働者にもにんにくが与えられていたという。

日本にも大陸より伝えられ、『古事記』『源氏物語』などにも登場した。平安時代には薬として扱われていたが、江戸時代頃から薬味や調味料として使用されるようになった。

世界の様々な食文化圏で重要な風味とされ、焼き物や炒め物に加えられるほか、すりおろして薬味として生食、またスイスのチーズ・フォンデュでカクロン（調理器）にこすり付けて香りのみを移す、などの利用法がある。刻む、するなど細胞が壊れることで特有の香りが立つ。また油の加熱調理で香ばしさが引き立つ。

免疫賦活作用や抗酸化作用で注目されている。なお花茎は「にんにくの芽」で野菜として食される。

【 生姜 】しょうが

英名／ Ginger
科名／ショウガ科
香気成分／ジンギベレン、リナロール、ゲラニアール、αピネンなど

熱帯アジアが原産の多年生草本。根茎をスパイスとして用いる。東洋から西洋に伝わり、薬用・食用として重視されてきた。インドの伝承医学アーユルヴェーダでは、アグニ（消化力）を高める食材とされる（P129）。漢方薬では多くの処方に生、あるいは乾燥したショウガが使用されている。身体を温める作用があるといわれる。

日本では乾燥粉でなく、生のまま料理に使用することも多い。夏には葉ショウガや新根ショウガ、繊維の少ない秋ショウガは、漬物や薬味に使われる。生では、爽やかな柑橘類を思わせる香りの成分（ゲラニアール）が保たれている。また、タンパク質を分解し食肉を柔らかくする働きを持つので、臭み消し・風味付けの働きとともに肉の下ごしらえに役立つ。

江戸時代には、八朔（八月一日）を生姜節句として各地の神社で生姜市が催された。

欧米では、ジンジャークッキーやジンジャーエールなど甘味と合わせて使われることも多い。

スパイス

【カルダモン】

英名／Cardamon
科名／ショウガ科
香気成分／シネオール、テルピネオール、リモネンなど

インド原産の多年生草本。根茎から生えた茎に薄紫の花が開花する、長楕円形の蒴果（実）を採集して乾燥し、スパイスとして用いる。サフランやバニラについで高価なスパイスの一つとして知られる。

外皮の中に黒い小さな種子が十数個程度つまっている。外皮には香りが少ないため、使用時は外皮に切れ目をいれると、種子の甘い清々しい香りが浸出しやすい。カレーのスタータースパイス（最初に油に香りを移すために入れる）としても重要な存在。中東ではカルダモン珈琲が飲まれる。消化を助けるスパイスとしても知られる。

インドでは古くから薬用、調味料として使われた。ヨーロッパへはアレクサンダー王が持ち帰ったといわれる。北欧でもよく使われる。一説に、北欧でこの香りが愛用されるようになったきっかけは、中世にヴァイキングがトルコに進出した際に持ち帰ったことだったといわれる。北欧では、ケーキやシナモンロールならぬカルダモンロールが楽しまれている。

【シナモン】（肉桂・ニッケイ）

英名／Cinnamon
科名／クスノキ科
香気成分／シンナミックアルデヒド、オイゲノールなど

南アジアから東南アジアを原産とする常緑樹。アジアのスパイスのなかで地中海沿岸に早く伝わったスパイスの一つで、紀元前6世紀には普及していたと考えられる。旧約聖書にも登場する。

日本にも鑑真により貴重な薬としてもたらされ、正倉院にも保存されていた。和名は肉桂（にっけい）で、生薬名では桂皮という。江戸時代頃に中国から樹木が輸入されるようになり、日本でも暖地で栽培された。かつては細根を切って束ね、子供のおやつ「ニッキ」とされていた。

現在、幹や枝の皮を乾燥し巻いたものが「シナモンスティック」として市販される。この香りには甘味を強調する働きがあり、ケーキやクッキーなどの洋菓子、八つ橋やニッキ飴などの和菓子や飲料に使われる。りんごやカボチャと相性がよい。

インドではシナモンリーフもスパイスとして活用される。なおシナモンに近い植物としてカシアがある。

【 バニラ 】

英名／Vanilla
科名／ラン科
香気成分／バニリンなど

メキシコ原産の常緑のつる性草本で、野生では他の樹に這い登り10m以上にも育つ。果実（さや状）は20cm程度でバニラビーンズと呼ばれる。現在では、人工授粉により、主要生産国のマダガスカルをはじめ世界各地で栽培できるようになった。ヨーロッパにはスペイン人のコルテスがアステカ王国から略奪した金とともに持ち帰りチョコレートの人気とともに広まった。

収穫されたばかりのバニラの莢は緑色で香りがない。キュアリング（数か月加熱した状態を保ち、酵素活性を高め、微生物が繁殖しない程度に水分を減少させる作業）の工程を経て、バニラ特有の甘い香りを持つようになる。

バニラビーンズを菓子等の風味付けに使用したい場合は、莢の中身の黒い粒をナイフなどで必要分こそぎ取って使う。残った莢自体もよい香りを持つので、砂糖とともに密閉容器に入れて香りを移す、粉砕して使うなどが可能。また、中身を採らずに莢ごと牛乳やクリームにつけ香りを移すなどの利用法もある。

【 スターアニス （八角、大茴香） 】

英名／Staranise
科名／シキミ科
香気成分／アネトール、メチルカビコールなど

東アジア原産の常緑低木。8個の袋果が星形に配列しており、八角とも呼ばれる。果実を未熟化のうちに採り、星型のまま乾燥させる。セリ科スパイスのアニス同様にアネトールが含まれ、香りが似ていたため、16世紀頃にヨーロッパに伝わったときにスターアニスと名付けられた。混同されることがあるが全く別の植物。また大茴香（ダイウイキョウ）とも呼ばれるが茴香はフェンネルを意味し、セリ科の別の植物。

ヨーロッパでは、リキュールの材料として用いられるようになった。20世紀初頭に、アブサンの販売が禁止されたされた後、代用として登場したパスティスの主な風味となっているのもスターアニスである。フランスのマルセイユがパスティスの名産地として知られる。

中国料理では重要なスパイスで、東坡肉（豚バラ肉の煮込み）など豚肉や鴨肉に合わせられることが多い。五香粉（P36）に含まれることもある。消化促進・駆風作用に優れている。

【クローブ】

英名／Clove
科名／フトモモ科
香気成分／オイゲノール、カリオフォレン
など

モルッカ諸島が原産といわれる10〜15mの常緑樹。現在ではマダガスカルやザンジバルなどで栽培されている。開花前の花蕾を採集し、乾燥させてスパイスとする。甘く刺激的な香りがある。

中国や日本でも、その釘のような形から「丁字」と呼ばれてきた。日本への伝来は8世紀頃。正倉院にも納められており、仏教の伝来とともに伝わったと考えられている。密教の寺では身体を浄めるために、丁子を口に含んだり（含香）、少量の粉末を手に延ばす（塗香）などの行いがなされる。家紋にも丁字をモチーフとしたものが、複数見られる。英名も、フランス語で釘を意味する「Clou」を語源とする。抗菌や鎮痛、消化機能促進などの作用で知られ薬として用いられてきた。

肉の臭みをとるので、シチューや角煮など肉の煮込み料理、またハンバーグなど挽き肉を使った料理に。刺激がやや強いので、少量から使い始めるとよい。スパイシーなだけでなく甘みのある香りがあるので、チャイに加えたり果物のコンポートなどに。ウスターソースの風味づけにも使われている。

【クミン】

英名／Cumin
科名／セリ科
香気成分／クミンアルデヒド、ピネンなど

地中海東部の原産の一年生草本で、草丈30〜60cmになる。スパイスとしては、5mm程度の細長いボート型の果実（種子）を用いる。

古代エジプトでも用いられ、医学書『エーベルス・パピルス』にも記載がある。古代ギリシアでは食欲増進のための薬味とされ、食卓に置いて使われることもあった。古代ローマの博物学者プリニウスは、『博物誌』のなかで、クミンは胃に良い薬になるとしている。消化促進の働きに優れることで知られる。

14世紀末のフランスの家政書「メナジエ・ド・パリ」には、揚げた鶏を刻んで、酸味のある果汁、ショウガやサフランとともにクミンを加えた料理レシピが載る。

「カレー粉」に含まれる複数のスパイスのなかでも、香りの面ではクミンが多く影響している。ソーセージやミートソースなど挽き肉料理、コロッケなどのジャガイモ料理などにもよく合う。

【 コリアンダー 】

英名／Coriander
科名／セリ科
香気成分／カプリアルデヒド（葉）、
リナロール、ゲラニオール、ピネン（種子）
など

南ヨーロッパ原産の60〜90cmになる一年生草本。エジプトではツタンカーメン王の墳墓でも見つかっており、紀元前1300年頃にはよく知られていたことが示されている。旧約聖書にも登場する。

葉と種子で香りが全く異なり、活用法も分かれる。種子は、乾燥させたものがコリアンダーシードと呼ばれ、甘く爽やかな香りのスパイス。薬酒やピクルス液にも用いられてきた。市販の「カレー粉」にはほぼブレンドされている。

葉の方はややクセのある青くさい香りで、インドや東南アジアの料理で欠かせないハーブとなっている。タイ料理ではパクチー、中国料理では香菜と呼ばれる。東南アジアでは、スープや麺類の付け合わせに用いられることが多く、唐辛子の辛味とも相性がよい。

ちなみに、タイ語の慣用句では「パクチーを振りかける」というと「表面だけ飾ってごまかす」という意味がある。日本では、90年代からのパクチーの人気が出始め2010年代には多くのパクチー風味加工品が流行った。

【 胡椒 】こしょう

英名／Pepper
科名／コショウ科
香気成分／リモネン、サビネン、
カリオフォレンなど

インド南部が原産といわれ、その後熱帯アジアに広まった。高温多湿の気候に育つ、7〜8mの長さになるつる性の多年生植物。インドでは四千年以上前から古代から中世にかけてこしょうの貿易はヨーロッパにとって大変重要視されていた（P126）。

料理の下ごしらえから、仕上げの調味にまで用いられる代表的なスパイス。市販されているこしょうには、ブラックペパーとホワイトペパーが見られるが、実はこれらは同じ植物から採られたもの。ブラックペパーは未熟果を採集して、堆積し乾燥させて作られる。刺激が強く香り高いので、牛肉などによく合う。ホワイトペパーは、成熟果を採集した後、水につけて外皮をとり除き乾燥させる。乳白色で繊細な辛味があり、魚料理やクリームを使った料理などに合う。

江戸時代の料理書にも、こしょうは登場する。『名飯部類』(1802)には、胡椒飯（こしょうめし）として、ご飯にこしょうを挽いてふりかけ、だし汁をかけて食すレシピが見られる。当時の人は、こしょうの香りそのものを十分に楽しむことを考えていたのかもしれない。

【 カファライムリーフ 】

英名／ Kaffir lime leaf / Swangi
科名／ミカン科
香気成分／シトロネラール、シトロネロール、リナロールなど

熱帯アジア原産の常緑樹、コブミカンの葉。ミカン科の植物には、果実だけでなく葉にも香りがあるものが多い。カファライムの葉は、翼葉が大きくまるでくびれた葉のようにみえる。ローリエのように固い葉に、シトロネラールが多く含まれ、爽やかな柑橘系の香りを、スープやソースなどに移す素材として用いられる。タイ料理では「バイマックルー」と呼ばれ、トムヤムクンやトムカーカイにも欠かせない。

魚介類の風味を引き立て、またバターやオリーブ油とも相性が良いので西欧料理にも用いることができる。

なお日本で「こぶみかん」と呼ばれるのは、この植物の果実の固い果皮に凸凹があることから。果肉は酸味や苦味があり生食しない。果皮はすりおろして用いられることがある。映画「幸せのレシピ」では、サフランソースの秘密の風味付けとして登場する。

【 ジュニパーベリー 】

英名／ Juniper berry
科名／ヒノキ科
香気成分／αピネン、ミルセン、サビネンなど

ジュニパーはヨーロッパ、アジアなどにひろく自生する、樹高3mほどの常緑樹。雌雄異株。葉は針のような形をしている。かつてフランスの病院ではジュニパーの小枝とローズマリーの葉を炊いて、空気を浄化していた。

一つの株に、1年目の若い実と2年目の青黒い完熟実をつける。完熟実は1cmに満たないほどの大きさで、これを乾燥させスパイスとしてつかう（ジュニパーベリー）。針葉樹らしい清々しさと甘味のある香り。

ジン(P73)の製造時に風味付けにも使われている。ジビエ料理をはじめ肉料理、またマリネやザワークラウトなどビネガーを使った料理にもよく合う。

ジュニパーの仲間は、日本では杜松（ねず・としょう）と呼ばれ、本州から九州の丘陵などに自生。果実は生薬としては「杜松実」「杜松子」と呼ばれ、水で煎じて飲むと、利尿・発汗の作用があるとされた。生垣や盆栽にも利用された。

野草

【芹】せり

英名／Water dropwort
科名／セリ科
香気成分／テルピノレン、ピネン、ミルセン、カンフェンなど

日本や中国大陸、東南アジアの水湿地に生える多年草で、草丈20〜40cmになる。中国では紀元前から野菜として用いられ、『春秋』にも記載がある。朝鮮半島でも古くから栽培され、キムチ作りにも用いてきた。日本でも、『万葉集』『日本書紀』に見られ、古くから親しまれる。1月7日に食す七草粥には欠かせない。

春の七草の一つとされ、路地ものは2月くらいからが旬。葉が枯れることなく冬越しをする。葉や茎の爽やかな香りと歯ごたえが好まれる。水辺に「競り合う」ように生えることからこの名がついたという説もある。

すきやきなど鍋物のほか、煮びたし、ごまあえ、からし和えなど和え物、卵とじなどに使われる。秋田のきりたんぽには田ぜりが欠かせない。加熱しすぎて香り、食感が失われないように注意する。根はきんぴらになる。

カロテン、ビタミンCが豊富で食欲増進や鎮痛、利尿、発汗などの作用を持つ薬草とされてきた。採取の際は、ドクゼリと間違えないよう注意が必要。

【独活】うど

英名／Udo
科名／ウコギ科
香気成分／ピネン、カンファー、リモネン、ボルネオールなど

アジア原産のウコギ科の多年草で、中国から朝鮮半島、日本の山野に自生している。平安時代の『倭名類聚抄』などにも記載がある。栽培化された時期は定かではないが、江戸時代の農書には頻出する。

茎が太く、高さ1〜1.5mになる。花以外には薄く短毛が生えている。野生のものと栽培されたもので香りが異なるが、これは野生のものにαピネン(針葉樹のような香り)が多いため。採取は春の葉が生え始めた頃のものがよく、6月くらいになると大きくなりすぎ食用に向かない。

ほのかな甘みと苦み、清々しい香りで日本では代表的な山菜として親しまれてきた。春の季語。新芽は茎の根元から切り取り、皮をむいて酢水に浸しておき、酢味噌和えやサラダに。また皮も酢水に浸し水気を切れば、きんぴらの材料に。葉や花や蕾、若い果実は香りのある天ぷらにできる。

「和独活(わどっかつ)」と呼ばれる生薬でもあり、根や茎は強壮、解熱、鎮痛などの作用を持つ。

野草

【蕗】ふき

英名／Japanese butterbur
科名／キク科
香気成分／1-ノネン,フキノンなど

　日本の山野や田畑に自生するが、栽培されることも多い。中空の葉柄に腎円形の大きな葉がつく。葉柄を軽く茹で、煮物や佃煮に、塩漬け・砂糖漬けにし、食感を楽しむ。鮮度が落ちやすいので、入手したら早めに調理した方がよい。

　早春には、茎に先だって根茎からフキノトウ（花茎）が顔を出す。独特の香りと苦味を持ち、古くから春を告げる貴重な食物とされ、平安時代の『延喜式』にも宮中に献上されたことが記されている。春の季語とされる。雄雌異株。採取する時は、花が開かず鱗状に包まれた状態のものを選ぶとよい。味噌汁や天ぷらや蕗味噌、佃煮にする。煎じて飲むと咳止めになるともいわれる。乾燥保存したい時は、固く締まったものを、熱湯で数分間茹で、20〜30分水につけアク抜きし、天日乾燥させる。使う時には水で戻し、熱湯を通すと乾燥臭が消える。

　北海道、東北地方では大型の種類、アキタブキが見られる。アイヌ民族の伝説では、蕗の下にはコロボックルが住むといわれる。

【三つ葉】みつば

英名／Japanese hornworty
科名／セリ科
香気成分／ミルセン、ピネンなど

　本州から九州の山野の木陰などに自生する多年草。30〜50cmの茎を立てる。葉は卵型で先が尖っている。ジャパニーズ・パセリともよばれる。ビタミンAやカルシウム、カリウムなどのミネラルが豊富なことで知られる。

　自生しているものは香りがよく、江戸時代から栽培もされるようになった。貝原益軒の『菜譜』にも「野蜀葵（みつばぜり）」として載っているが、芹と同じようなものとされ、古くはあまり食されていなかったようだ。現代では、葉柄の歯ごたえと葉の香りを楽しまれ、椀物や丼物、雑煮、茶わん蒸しに添えるほか、おひたしや卵とじ、天ぷら、鍋物にも使われる。

　市販には、香りが繊細な糸ミツバ、歯ごたえがあり香りが強い根ミツバ、また切りミツバがある。乾燥に弱いので、冷蔵庫に保存時は調理前に根元を水に浸すと食感がよくなる。

【 茗荷 】みょうが

英名／Mioga gingier
科名／ショウガ科
香気成分／αピネン、βピネン、
ピラジン類など

熱帯アジア原産のショウガ科の多年生草本で林床性。中国では古くから用いられ、6世紀の『斉民要術』には、栽培法や塩や苦酒を使った漬物の仕方などが記されているが、近年中国ではあまり使われない。

日本では本州から沖縄の温暖地に生育する。栽培もされている。地下茎から出た5〜6cmの苞と花蕾の部分を開花の前に食す。「茗荷の子」とも呼ばれ、夏の季語。暑い時期に食欲を増進させる薬味として用いられる。茗荷の葉も爽やかな香りで、米や餅を包んで加熱するなどの利用法がある。

『魏志倭人伝』にも、すでに記載が見られるが、この頃は有用な食材としては活用されていなかったようだ。江戸時代の料理書『料理物語』には利用例が見られ、汁の実やなます、和え物、すし、漬物によいとされた。湯通しした茗荷を串に刺して唐辛子味噌をつけた茗荷田楽など様々な料理法が考案されていた。

「ミョウガを食べ過ぎると物忘れをする」という俗説があり、落語『茗荷宿』の中では茗荷のフルコースが楽しまれてきた。

【 紫蘇 】しそ

英名／Perilla／Shiso
科名／シソ科
香気成分／ペリルアルデヒド、リモネンなど

アジアの温帯地域に広く自生する草丈80cmほどの一年生草本。栽培種には赤シソと青シソ、ちりめんシソなどがある。日本料理には芽シソ、葉シソ、穂シソ（花穂）、実シソと、各部位が使われる。紫蘇は夏、紫蘇の実は秋の季語。

青紫蘇の葉は、防腐・抗菌作用があるといわれ、刺身のつまには欠かせない。薬味のほか、佃煮や天ぷら、また刻んでドレッシングやソースの風味付けなどに用いられる。梅干しの色と香りづけには、アントシアニンを含む赤紫蘇が使われる。また葉を煎じて飲めば、健胃や食欲増進、咳止め、解毒などに役立つと言われる。

なお、はじめに日本に伝わったのは同じシソ科の仲間の荏胡麻（えごま）だった。香りはシソとは異なるもので、種子から油がとれるため灯火用に使われていた（現代では荏胡麻油は、αリノレン酸を含むとして食用で注目されている）。その後、変種のシソが伝えられ、独特の香りが広まった。

野草

【山椒】 さんしょう

英名／Sansho
科名／ミカン科
香気成分／シネオール、リモネン、β-フェランドレンなど（果実）。葉／α-ピネン、β-ピネン、カンフェン、サビネンなど（葉）

日本各地や朝鮮、中国の山地に自生する落葉低木。日本では前史時代の貝塚からも発見されている。古名は「はじかみ」。「はじ」は、はぜるの意味で、秋にあると果実の皮がはじけることから、また「カミ」はカミラ＝韮（ニラ）の意味に由来すると考えられている。

日本では、早春の若葉（葉山椒）、春の花（花山椒）、初夏の未熟果（実山椒）、秋の成熟果の果皮（乾燥粉末＝粉山椒）がそれぞれ料理のなかに香りを添える。葉は成長して大きくなるにつれ、香りも徐々に変わる（P38）。

地域によっては、樹皮も食される。あく抜き後に細切りにして佃煮にすると、刺激の強い味覚が酒の肴などに楽しまれた。

健胃・整腸の働きがあるといわれ、正月に用意する屠蘇散にも果皮粉末が含まれている。中国の山椒に花椒（ホアジャオ）は、麻婆豆腐に欠かせない。

ミカン科の仲間で、アゲハチョウが樹に卵を産み付けに来るので、青虫が育っていることがある。

---

column

新年の健康を願う「屠蘇」の香り

邪気を屠り、心身を蘇らせる薬酒、「屠蘇（とそ）」。新しい一年の健康と福寿を願うために、元旦の朝に薬酒を頂く習わしです。

屠蘇は、「屠蘇散（とそさん）」を清酒やみりんに一晩漬けて作りますが、これにはどんな植物が含まれているのでしょうか。屠蘇散は、一説に、中国の三国時代の伝説的な名医・華陀（かだ）の処方ともいわれます。

・山椒
・肉桂（シナモン）
・桔梗（キキョウの根）
・防風（セリ科のボウフウの根）

・白朮（キク科のオケラの根茎）
・陳皮（みかんの果皮）など

山椒やシナモン、ミカンの皮など、私たちに身近な香り食材も含まれていますね。これらに含まれる成分をアルコール分に移し、少量摂取することで、胃腸の働きがよくなる、体が温まるなど、健康増進が期待できるのです。屠蘇散は、年末になると薬局などで販売されています。

来年の元旦は、気持ちも新たに、薬酒・屠蘇をいただき、一年の健康を祈念してみてはいかがでしょうか。

【野蒜】 のびる／ののひろ

英名／ Wild rocambole
科名／ヒガンバナ科
香気成分／アリシンなど

ネギ属の仲間で日本の山野、また人里近くの土手などにも自生する多年草。30〜80cm以上になり、全草に香りがある。晩秋に芽を出して細長い葉を伸ばし、春に掘り出すと直径1〜2cmほど白い広卵型の鱗茎ができている。この香りの強い鱗茎や若葉を食す。「蒜(ひる)」はネギやにんにくの古名。

『万葉集』の時代にもすでに食用されていた。鱗茎の部分を採取したら、土を落として薄皮をむき、洗って生のまま酢味噌などで食べると、鮮烈な香りと辛味を楽しむことができる。そのほか、汁の実、天ぷら、さっと茹でてバター炒めなどに。葉は刻んで薬味にするほか、おひたしや炒めものなどに。滋養豊かで強壮作用があるほか、健胃や整腸、咳止めにも役立つと考えられてきた。また黒焼きにすると扁桃腺炎によいといわれる。

天然ものを採取する場合は、有毒の水仙やヒガンバナの球根と間違えないように、十分な注意が必要。

また夏が来る頃にできる「むかご」も、食することができる。素揚げなどに。

【蓬】 よもぎ

英名／ Mugwort
科名／キク科
香気成分／シネオール、カリオフィレンなど

本州から九州の山野から民家付近の空き地に自生する多年草で国内に30種ほど生息する。地下茎で繁殖し、草丈50cm以上になる。

民間薬として重視され、乾燥葉は湯に入れ入浴すると肩こりやリュウマチによいといわれてきた。端午の節句には、邪気を払うと考えられ菖蒲とともに風呂に入れられた。

全草に芳香があり緑色が鮮やかなため、古くから食用としても用いられた。『和漢三才図会』には餅や麺に混ぜて食する調理法が記される。

若葉を茹でて、和え物やおひたし、混ぜご飯に。人気の草餅は、早春の新芽や若葉を摘み、さっと茹でて磨り潰し、餅と合わせて作る。たくさん収穫できたら、茹でたあと、小分けにして冷凍しておくと便利。

全草の状態を、かき揚げや汁物、ごまあえ、胡桃あえなどに使いたい時は、軽く茹でて水にさらしアクを抜いてから味付けするとよい。

沖縄ではフーチバーと呼ばれ、肉・魚の臭み消し、また香味野菜として蕎麦や雑炊などに使われる。

【 クレソン 】

英名／Warter-cress
科名／アブラナ科
香気成分／3-フェニルプロピオニトリル

ヨーロッパ原産の草丈20〜70cmほどの多年草。初夏に白色の花が咲く。国内各地の清流や水のきれいな湿地に自生している。繁殖力が優れ、寒さに強く、山間部の水辺にも見られる。

ワサビとも共通する辛味成分と清々しい香りが特徴で、カロテンなどビタミン類、カルシウムやカリウム、鉄などのミネラルが豊富。

明治時代の福羽逸人氏がフランスから日本に伝えたとも言われるが、江戸時代にすでに入ってきていたという説もある。日本語のクレソンはフランス語のCressonに由来し、和名ではオランダガラシ、またタイワンゼリと呼ばれる。

ステーキなど肉類の付け合わせやサラダ、おひたし、スープ、ソース、鍋物などに使われる。保存の際は、根を水にさしてビニール袋に包み、冷蔵庫に入れると新鮮さを保つことができる。

自生のほか、栽培もされている。山梨県・南都留郡の道志村は、国内有数のクレソン生産で知られる。当地では、クレソン入りのパスタやケーキなど、風味を生かした商品開発を行われている。

【 どくだみ 】（十葉）

英名／Fish mint
科名／ドクダミ科
香気成分／デカノイルアセトアルデヒド、
ラウリルアルデヒド

東アジア・東南アジアに分布する草丈15〜40cmほどの多年草。繁殖力に優れ、国内でも山間部や平地など湿った土地に広く自生。葉はハート形、花は一重のほか八重もある。

全草に特異な香りがあり、この香りに含まれる成分デカノイルアセトアルデヒドには、強い抗菌効果があることが知られる。

ベトナムでは、ミントやバジルなどのハーブ類と並んで、どくだみの葉がサラダやバインセオのほか、料理に添えられている。近年は、フランス料理に取り入れられる例も見られる。

根の部分も食することができる。甘味と苦み、独特の香りがあり、中国では「折耳根」と呼ばれ、貴州省では、唐辛子をいれた炒め物やチャーハンの材料にも用いられている。

乾燥させたものは、特異な香りが薄らぐ。初夏の花期に地上部分を採って干したものを煎じて飲めば、利尿や緩下、高血圧予防に役立つといわれてきた。どくだみの名は、「毒下しの妙薬」を縮めたという説もある。生薬名は十薬（じゅやく）。

きのこ

【松茸】まつたけ

英名／ Matsutake fungs
科名／キシメジ科
香気成分／ 1-オクテン-3-オール、
桂皮酸メチルなど

松と共生するマツタケ菌の子実体。世界の松林に産するが、主に日本と朝鮮半島でのみ高級な季節食材として重要視される。肉質が緻密で香りが優れる。日本では、万葉集に「芳をよめる」と詞書きのついた和歌が見られ、ここで歌われているものが松茸ではないかと考えられている。

味覚や栄養素への期待より、香りそのものを楽しむことを主眼に、料理法が選ばれる。江戸時代の料理書『料理物語』(1643)にも、古酒の中で松茸を煎り、アルコール分が飛んだところに出汁を入れ、醤油を加える。最後に沸騰させたあと、吸い口として柚子の輪切りを添えるという調理法が載っている。当時も秋の香りが楽しまれたのだろう。その他網焼きや土瓶蒸し、吸い物、松茸ご飯など。

近年は松茸が見つかりにくいといわれる。葉や枯れ枝の少ない痩せた土地にできやすいが、近年は生活スタイルの変化により、人が山林で枯れ枝などを集めなくなったことが要因と考えられている。

【トリュフ】

英名／ Truffle
科名／セイヨウショウロ科
香気成分／ジメチルスルフィド、アセトアルデヒド（黒）、トリュフスルフィド（白）

和名は西洋松露。コナラやハシバミ、胡桃、椎の木と共生する菌類の子実体で、手のひらにのる位の塊。同じ属の仲間は60種ほどあり世界に広分布しているが、西洋料理で珍重される高級食材となるのは、北アフリカからヨーロッパに自生する黒トリュフ、白トリュフなどの数種類である。子実体は地中にあり探すことが難しいため、訓練された雌の豚や犬を山に連れて行き、トリュフの香りを頼りに探し当てる。

黒トリュフはフランスのペリゴール地方やプロヴァンスなど、白トリュフはイタリアのピエモンテ地方が名産地として知られる。

黒トリュフはジメチルスルフィド（磯の香り）やアセトアルデヒド、エタノール、アセトンなどが含まれた複雑な香り。肉料理のアクセントに。

白トリュフには、トリュフスルフィド（にんにく臭）をはじめ硫黄化合物が多数含まれている。生のまま薄くスライスし、卵料理やリゾット、パスタなどに。

参考文献

＜第1章＞

アニック・ル・ゲレ「匂いの魔力　香りと臭いの文化誌」工作舎（2000）
山梨浩利「コーヒー挽き豆の煎りたて風味の変化と滴定酸度の関係」日本食品工業学会誌 第39巻第7号（1992）
小竹佐知子「食品咀嚼中の香気フレーバーリリース研究の基礎とその測定実例の紹介」日本調理科学会Vol.41、No.2,(2008)
平澤佑啓・東原和成「嗅覚と化学：匂いという感性」化学と教育、65 巻10 号（2017年）
佐藤成見「嗅覚受容体遺伝子多型とにおい感覚」におい・かおり環境学会誌46巻4号、平成27年
Julie A. Mennellaほか「Prenatal and Postnatal Flavor Learning by Human Infants」PEDIATRICS　Vol.107　No.6（2001）
坂井信之「味覚嫌悪学習とその脳メカニズム」動物心理学研究、第50巻 第1号
平山令明「「香り」の科学」講談社（2017）
森 憲作「脳のなかの匂い地図」PHP研究所(2010)
東原和成「香りとおいしさ：食品科学のなかの嗅覚研究」化学と生物Vol. 45, No. 8,（2007）

＜第2章＞

城斗志夫ほか「キノコの香気とその生合成に関わる酵素」におい・かおり環境学会誌44巻 5号（2013）
佐藤幸子ほか「タイム（Thymus vulgaris L.）生葉の保存方法による香気成分の変化」日本調理科学会誌Vol. 42，No. 3（2009）
中野典子・丸山良子「わさびの辛味成分と調理」椙山女学園大学研究論集、第30号（自然科学篇）（1999）
佐藤幸子・数野千恵子「調理に使用するローレルの形状による香気成分」日本調理科学会大会研究発表要旨集、平成30年度大会
畑中顯和『進化する“みどりの香り”』フレグランスジャーナル社（2008）
数野千恵子ほか「山椒（Zanthoxylum piperitum DC.）の成長過程及び機械的刺激による香気成分の変化」実践女子大学生活科学部紀要第47号（2010）
ジョナサン・ドイッチュ『バーベキューの歴史』原書房（2018）
臼井照幸「食品のメイラード反応」日本食生活学会誌、第26巻第1号（2015）
玉木雅子・鵜飼光子「長時間炒めたタマネギの味、香り、遊離糖、色の変化」日本家政学会誌 Vol . 54、No .1(2003)
小林彰夫・久保田紀久枝「調理と加熱香気」調理科学Vo1.22 No.3 (1989)
早瀬文孝ほか「調味液の加熱香気成分とコク寄与成分の解析」日本食品科学工学会誌第60巻第2号（2013）
周蘭西「メイラード反応によってアミノ酸やペプチドから生成する香気成分の生理作用」北里大学（2017）
笹木哲也ほか「金沢の伝統食品『棒茶』の香気成分」におい・かおり環境学会誌　46巻2号（2015）

＜第3章＞

伏木亨「油脂とおいしさ」化学と生物Vol.45、No.7,（2007）
伏木亨「おいしさの構成要素とメカニズム」栄養学雑誌 Vol.61 No.11 ～ 7（2003）
Elisabeth Rozin『Ethnic Cuisine』Penguin Books（1992）
ルート・フォン・ブラウンシュヴァイク『アロマテラピーのベースオイル』フレグランスジャーナル社（2000）
戸谷洋一郎・原節子（編）『油脂の化学』朝倉書店（2015）
「香料　（特集号　果物の香り）」No264（2014）
武田珠美、福井靖子「世界におけるゴマ食文化」日本調理科学会誌29巻4号（1996）
有岡利幸『つばき油の文化史―暮らしに溶け込む椿の姿―』雄山閣（2014/12）（2014）

馬場きみ江「アシタバに関する研究」大阪薬科大学紀要Vol. 7（2013）
パトリック・E・マクガヴァン『酒の起源』白揚社（2018）
長谷川香料株式会社『香料の科学』講談社（2013）
井上重治『微生物と香り』フレグランスジャーナル社（2002）
ヒロ・ヒライ『蒸留術とイスラム錬金術』(kindle版)
米元俊一「世界の蒸留器と本格焼酎蒸留器の伝播について」別府大学紀要第58号（2017）
中谷延二「香辛料に含まれる機能成分の食品化学的研究」日本栄養・食糧学会誌第56巻第6号（2003）
吉澤淑 編『酒の科学』朝倉書店（1995）
長尾公明「調理用・調味用としてのワイン」日本調理科学会誌、Vol. 47、No. 3（2014）

山田巳喜男「酢酸発酵から生まれる食酢」日本醸造協会誌、102巻2号（2007）
パトリック・ファース『古代ローマの食卓』東洋書林(2007)
小崎道雄、飯野久和、溝口智奈弥「フィリピンのヤシ酢における乳酸菌」日本乳酸菌学会誌、Vol.8、No.2（1998）
「ハーブの香味成分が合わせ酢の食味に及ぼす影響について」
デイヴ・デ・ウィット『ルネサンス料理の饗宴』原書房(2009)
外内尚人「酢酸菌利用の歴史と食文化」日本乳酸菌学会誌26巻1号（2015）

ダン・ジュラフスキー『ペルシア王は天ぷらがお好き？　味と語源でたどる食の人類史』早川書房（2015）
蓬田勝之『薔薇のパルファム』求龍堂（2005）
小柳康子「イギリスの料理書の歴史（2）－Hannah Woolleyとイギリス近代初期の料理書における薔薇水」實踐英文學62巻（2010）
井上重治、髙橋美貴、安部茂「日本産芳香性ハーブの新規なハーブウォーター（芳香蒸留水）のカンジダ菌糸形発現阻害と増殖阻害活性」Medical Mycology Journal　53巻1号（2012）
髙橋拓児「料理人からみる和食の魅力」日本食生活学会誌　第27巻第4号（2017）
伏木亨『人間は脳で食べている』筑摩書房（2005）
森滝望、井上和生、山崎英恵「出汁がヒトの自律神経活動および精神疲労に及ぼす影響」日本栄養・食糧学会誌、第71巻、第3号（2018）
山崎英恵「出汁のおいしさに迫る」化学と教育、63巻2号（2015）
斉藤司「かつおだしの嗜好性に寄与する香気成分の研究」日本醸造協会誌110(11)
折原千賀「菌がつくるお茶の科学」生物工学会誌88(9)、（2010）
菊池和男『中国茶入門』講談社（1998）
吉田よし子『おいしい花』八坂書房（1997）

井上重治、高橋美貴、安部茂「日本産弱芳香性ハーブの新規なハーブウォーター（芳香蒸留水）のカンジダ菌糸形発現疎外と増殖阻害活性」Medical Mycology Journal 第53号第1号（2012）
髙橋拓児「料理人から見る和食の魅力」日本食生活学会誌、第27巻、第4号（2017）
森滝望、井上和生、山崎英恵「出汁がヒトの自律神経活動および精神疲労に及ぼす影響」日本栄養・食糧学会誌、第71巻、第3号（2018）

橋本壽夫、村上正祥『塩の科学』朝倉書店（2003）
佐々木公子ほか「香辛料の塩味への影響および減塩食への応用の可能性」美作大学・美作大学短期大学部紀要 Vol.63（2018）
浜島教子「基本的4味の相互作用」調理科学Vol.8 No.3（1975）
角谷雄哉ほか「呼吸と連動した醤油の匂い提示による塩味増強効果」日本バーチャルリアリティ学会論文誌Vol 24、No1、（2019）
村上正祥「藻塩焼きの科学（1）」日本海水学会誌第45巻第1号（1991）
「相知高菜漬の製造過程における微生物と香気成分の変化」
宮尾茂雄「微生物と漬物」モダンメディア61巻11号（2015）

石井克枝・坂井里美「スパイスの各種調理における甘味の増強効果」一般社団法人日本家政学会研究発表
要旨集 57(0)、（2005）
佐々木公子ほか「香辛料の食品成分が味覚に及ぼす影響について」美作大学・美作大学短期大学部紀要
Joanne Hort・Tracey Ann Hollowood「Controlled continuous flow delivery system for investigating taste-aroma interactions」Journal of Agricultural and Food Chemistry, 52、15（2004）
日高秀昌、斎藤祥治、岸原士郎（編）『砂糖の事典』東京堂出版（2009）
大倉洋代「南西諸島産黒糖の製造と品質」日本食生活学会誌Vol.11、No.3(2000)
吉川研一「21世紀を指向する学問 非線形ダイナミクス」表面科学Vo1.17、No.6（1996）
中村純「ミツバチがつくるハチミツ」化学と教育61巻8号（2013）
ハロルド・マギー『マギー・キッチン・サイエンス』共立出版（2008）
久保良平・小野正人「固相マイクロ抽出法を用いたハチミツ香気成分の分析法」玉川大学農学部研究教育紀要、第3号（2018）

＜第4章＞
有岡利幸『香りある樹木と日本人』雄山閣(2018)
舘野美鈴・大久保洋子「葉利用菓子の食文化研究」実践女子大学生活科学部紀要、第49号（2012）
『精選版 日本国語大辞典』小学館（2006）
高尾佳史「樽酒が食品由来の油脂や旨味に及ぼす影響」日本醸造協会誌、第110巻、第6号
池井晴美ほか「Effects of olfactorystimulation by α-pinene onautonomic nervous activity
（α-ピネンの嗅覚刺激が自律神経活動に及ぼす影響）」Journal of Wood Science、62(6)（2016）
後藤奈美「ワインの香りの評価用語」におい・かおり環境学会誌、44巻6号（2013）
加藤寛之「ワイン中のTCAが香りに及ぼす作用と仕組み」日本醸造協会誌109巻6号（2014）
但馬良一「コルクからのカビ臭原因物質（ハロアニソール）除去技術」日本醸造協会誌107巻3号(2012)
仁井晣迪ほか「クロモジ果実の成分について」日本農芸化学会誌Vol. 57、No. 2（1983）
エディット・ユイグほか『スパイスが変えた世界史』新評論(1998)
北山晴一『世界の食文化 フランス』農山漁村文化協会(2008)
アンドリュードルビー『スパイスの人類史』原書房（2004）
松本孝徳・持田明子「17－18世紀フランスにおける料理書出版の増加と上流階級との関係」九州産業大学国際文化学部紀要、第32号（2006）
マグロンヌ・トゥーサン＝サマ『フランス料理の歴史』原書房（2011）
吉野正敏「季節感・季節観と季節学の歴史」地球環境Vol.17、No.1（2012）
ゴードン・M・シェファード『美味しさの脳科学』インターシフト（2014）
宇都宮仁フレーバーホイール 専門パネルによる官能特性表現」化学と生物 Vol. 50, No. 12,（2012）
福島宙輝「味覚表象構成論の記号論的背景（序）」九州女子大学紀要、第55巻第1号
谷口忠大ほか「記号創発ロボティクスとマルチモーダルセマンティックインタラクション」人工知能学会全国大会論文集、第25回全国大会(2011)
Ramachandran, V. and E.M. Hubbard,「Synaesthesia - A window into perception, thought and language」Journal ofConsciousness Studies, 8、No.12(2001)
荒牧英治ほか「無意味スケッチ図形を命名する」人工知能学会 インタラクティブ情報アクセスと可視化マイニング研究会(第5回)SIG-AM-05-08
チャールズ・スペンス『おいしさの錯覚』KADOKAWA（2018）
J.アディソン『花を愉しむ事典』八坂書房（2002）
植物文化研究会・編、木村陽一郎・監修『花と樹の事典』柏書房（2005）
鈴木隆「においとことば―分類と表現をめぐって―」におい・かおり環境学会誌44巻6号 （2013）
ジェイミー・グッド『新しいワインの科学』河出書房新社(2014)

＜第5章＞
公益社団法人日本アロマ環境協会『アロマテラピー検定公式テキスト』世界文化社（2019）
ボブ・ホルムズ『風味は不思議』原書房（2018）
南部愛子ほか、「視覚の影響を利用した嗅覚ディスプレイの研究」映像情報メディア学会技術報告/32.22巻（2008）
小林剛史「においの知覚と順応・慣化過程に及ぼす認知的要因の効果に関する研究の動向」文京学院大学研究紀要Vol.7, No.1,（2005）
Mika Fukadaほ か「Effect of "rose essential oil" inhalation on stress-induced skin-barrier disruption in rats and humans.」Chemical Senses,Vol. 37(4)（2012）
小川孔輔『マーケティング入門』日本経済新聞出版社（2009）
マイケル・R・ソロモン（松井剛ほか監・訳）『ソロモンの消費者行動論（上）』丸善出版（2015）
マーチン・リンストローム『五感刺激のブランド戦略』ダイヤモンド社（2005）
Teresa M. Amabile「The Social Psychology of Creativity:A Componential Conceptualization」Journal of Personality and Social Psychology, Vol. 45, No. 2, (1983)
西村佑子『不思議な薬草箱』山と渓谷社(2014)

市村真納
Mana Ichimura

Office Saijiki代表。植物の香りや作用、象徴性を生かして、創造力を高めるための研究・実践を行っている。楽しみは、旅・読書・茶道の稽古。公益社団法人 日本アロマ環境協会認定アロマセラピスト。経営管理修士、認定心理士、ケースライティング部会会員。現在、尚美学園大学、埼玉女子短期大学非常勤講師。著書に『アロマテラピーを楽しむ生活』(新星出版社)『アロマテラピー読本』(青山社)。

レシピ制作
横田 渉
Wataru Yokota

〜food&design〜CONVEY シェフ・フードディレクター。料理好きだった祖母の影響もあり、幼少期より台所に立つ。調理師専門学校卒業後、フランス、日本、アメリカで様々なスタイルの料理を学ぶ。現在はレストランを持たないシェフとして、プライベートシェフや国内外のレストランのフードコンサルティング業、メディアや各種イベント料理製作を手がける。著書に『やっぱり肉料理』(大和書房)、『男子厨房 居酒屋料理』(成美堂出版)、英語版『The Real Japanese Izakaya Cookbook』(TUTTLE) は Gourmand World Cookbook Awards2020受賞。

デザイン・装丁	那須彩子(苺デザイン)
撮影	髙杉 純
イラスト	ヨツモトユキ
スタイリング	松木絵美奈(CONVEY)
編集協力	矢口晴美

香りの性質・メカニズムから、その抽出法、調理法、レシピ開発まで
料理に役立つ 香りと食材の組み立て方

2020年9月19日　発　行　　　　　　　　　　　　　　　　　NDC596

著　者　市村真納
発行者　小川雄一
発行所　株式会社 誠文堂新光社
　　　　〒113-0033 東京都文京区本郷3-3-11
　　　　(編集)電話 03-5800-3621
　　　　(販売)電話 03-5800-5780
　　　　https://www.seibundo-shinkosha.net/
印刷・製本　図書印刷 株式会社